PRÉFACE

La collection de guides de conversation "Tout ira bien!", publié par T&P Books, est conçue pour les gens qui voyagent par affaire ou par plaisir. Les guides de conversations contiennent le plus important - l'essentiel pour la communication de base. Il s'agit d'une série indispensable de phrases pour survivre à l'étranger.

Ce guide de conversation vous aidera dans la plupart des cas où vous devez demander quelque chose, trouver une direction, découvrir le prix d'un souvenir, etc. Il peut aussi résoudre des situations de communication difficile lorsque la gesticulation n'aide pas.

Ce livre contient beaucoup de phrases qui ont été groupées par thèmes. Vous trouverez aussi un mini dictionnaire avec des mots utiles - les nombres, le temps, le calendrier, les couleurs...

Emmenez avec vous un guide de conversation "Tout ira bien!" sur la route et vous aurez un compagnon de voyage irremplaçable qui vous aidera à vous sortir de toutes les situations et vous enseignera à ne pas avoir peur de parler aux étrangers.

TABLE DES MATIÈRES

T&P Books Publishing

Collection de guides de conversation
"Tout ira bien!"

T&P Books Publishing

GUIDE DE CONVERSATION
— UKRAINIEN —

Par Andrey Taranov

LES PHRASES LES PLUS UTILES

Ce guide de conversation contient les phrases et les questions les plus communes et nécessaires pour communiquer avec des étrangers

T&P BOOKS

Guide de conversation + dictionnaire de 250 mots

Guide de conversation Français-Ukrainien et mini dictionnaire de 250 mots

Par Andrey Taranov

La collection de guides de conversation "Tout ira bien!", publiée par T&P Books, est conçue pour les gens qui voyagent par affaire ou par plaisir. Les guides contiennent l'essentiel pour la communication de base. Il s'agit d'une série indispensable de phrases pour "survivre" à l'étranger.

Vous trouverez aussi un mini dictionnaire de 250 mots utiles, nécessaire à la communication quotidienne - le nom des mois, des jours, les unités de mesure, les membres de la famille, et plus encore.

T&P Books Publishing
www.tpbooks.com

ISBN: 978-1-78616-773-6

Ce livre existe également en format électronique.
Pour plus d'informations, veuillez consulter notre site: www.tpbooks.com ou rendez-vous sur ceux des grandes librairies en ligne.

PRONONCIATION

Lettre	Exemple en ukrainien	Alphabet phonétique T&P	Exemple en français

Voyelles

А а	акт	[a]	classe
Е е	берет	[e], [ɛ]	poète
Є є	модельєр	[ɛ]	faire
И и	ритм	[k]	bocal
I i	компанія	[i]	stylo
Ї ï	поїзд	[ji]	accueillir
О о	око	[ɔ]	robinet
У у	буря	[u]	boulevard
Ю ю	костюм	[ʲu]	interview
Я я	маяк	[ja], [ʲa]	diamant

Consonnes

Б б	бездна	[b]	bureau
В в	вікно	[w]	iguane
Г г	готель	[ɦ]	g espagnol - amigo, magnífico
Ґ ґ	ґудзик	[g]	gris
Д д	дефіс	[d]	document
Ж ж	жанр	[ʒ]	jeunesse
З з	зброя	[z]	gazeuse
Й й	йти	[j]	maillot
К к	крок	[k]	bocal
Л л	лев	[l]	vélo
М м	мати	[m]	minéral
Н н	назва	[n]	ananas
П п	приз	[p]	panama
Р р	радість	[r]	racine, rouge
С с	сон	[s]	syndicat
Т т	тир	[t]	tennis
Ф ф	фарба	[f]	formule
Х х	холод	[h]	[h] aspiré
Ц ц	церква	[ts]	gratte-ciel
Ч ч	час	[tʃ]	match

Lettre	Exemple en ukrainien	Alphabet phonétique T&P	Exemple en français
Ш ш	шуба	[ʃ]	chariot
Щ щ	щука	[ɕ]	chiffre
ь	камінь	[ʲ]	signe mou
ъ	ім'я	[ʼ]	signe dur

LISTE DES ABRÉVIATIONS

Abréviations en français

adj	-	adjective
adv	-	adverbe
anim.	-	animé
conj	-	conjonction
dénombr.	-	dénombrable
etc.	-	et cetera
f	-	nom féminin
f pl	-	féminin pluriel
fam.	-	familiar
fem.	-	féminin
form.	-	formal
inanim.	-	inanimé
indénombr.	-	indénombrable
m	-	nom masculin
m pl	-	masculin pluriel
m, f	-	masculin, féminin
masc.	-	masculin
math	-	mathematics
mil.	-	militaire
pl	-	pluriel
prep	-	préposition
pron	-	pronom
qch	-	quelque chose
qn	-	quelqu'un
sing.	-	singulier
v aux	-	verbe auxiliaire
v imp	-	verbe impersonnel
vi	-	verbe intransitif
vi, vt	-	verbe intransitif, transitif
vp	-	verbe pronominal
vt	-	verbe transitif

Abréviations en ukrainien

ж	-	nom féminin
мн	-	pluriel

| с | - | neutre |
| ч | - | nom masculin |

T&P BOOKS

GUIDE DE CONVERSATION UKRAINIEN

Cette section contient
des phrases importantes
qui peuvent être utiles dans
des situations courantes.
Le guide vous aidera
à demander des directions,
clarifier le prix, acheter
des billets et commander
des plats au restaurant

T&P Books Publishing

CONTENU DU GUIDE DE CONVERSATION

T&P Books Publishing

Les essentiels

Excusez-moi, ...	**Вибачте, ...** ['wibatʃtɛ, ...]
Bonjour	**Добрий день.** ['dɔbrij dɛnʲ.]
Merci	**Дякую.** ['dʲakuʲu.]
Au revoir	**До побачення.** [do po'batʃɛnʲa.]
Oui	**Так.** [tak.]
Non	**Ні.** [ni.]
Je ne sais pas.	**Я не знаю.** [ja nɛ 'znaʲu.]
Où? | Où? | Quand?	**Де? | Куди? | Коли?** [dɛ? | ku'di? | ko'li?]

J'ai besoin de ...	**Мені потрібен ...** [mɛ'ni po'tribɛn ...]
Je veux ...	**Я хочу ...** [ja 'hɔtʃu ...]
Avez-vous ... ?	**У вас є ...?** [u was 'ɛ ...?]
Est-ce qu'il y a ... ici?	**Тут є ...?** [tut ɛ ...?]
Puis-je ... ?	**Чи можна мені ...?** [tʃi 'mɔʒna mɛ'ni ...?]
s'il vous plaît (pour une demande)	**Будь ласка** [budʲ 'laska]

Je cherche ...	**Я шукаю ...** [ja ʃu'kaʲu ...]
les toilettes	**туалет** [tua'lɛt]
un distributeur	**банкомат** [banko'mat]
une pharmacie	**аптеку** [ap'tɛku]
l'hôpital	**лікарню** [li'karnʲu]
le commissariat de police	**поліцейську дільницю** [poli'tsɛjsʲku dilʲ'nitsʲu]
une station de métro	**метро** [mɛt'rɔ]

un taxi	таксі [tak'si]
la gare	вокзал [wok'zal]

Je m'appelle ...	Мене звуть ... [mɛ'nɛ zwutʲ ...]
Comment vous appelez-vous?	Як вас звуть? [jak was 'zwutʲ?]
Aidez-moi, s'il vous plaît.	Допоможіть мені, будь ласка. [dopomo'ʒitʲ mɛ'ni, budʲ 'laska.]
J'ai un problème.	У мене проблема. [u 'mɛnɛ prob'lɛma.]
Je ne me sens pas bien.	Мені погано. [mɛ'ni po'ɦano.]
Appelez une ambulance!	Викличте швидку! ['wiklitʃtɛ ʃwid'ku!]
Puis-je faire un appel?	Чи можна мені зателефонувати? [tʃi 'mɔʒna mɛ'ni zatɛlɛfonu'wati?]

Excusez-moi.	Прошу вибачення ['prɔʃu 'wibatʃɛnʲa]
Je vous en prie.	Прошу ['prɔʃu]

je, moi	я [ja]
tu, toi	ти [ti]
il	він [win]
elle	вона [wo'na]
ils	вони [wo'nɨ]
elles	вони [wo'nɨ]
nous	ми [mɨ]
vous	ви [wɨ]
Vous	Ви [wɨ]

ENTRÉE	ВХІД [whid]
SORTIE	ВИХІД ['wihid]
HORS SERVICE | EN PANNE	НЕ ПРАЦЮЄ [nɛ pra'tsʲuɛ]
FERMÉ	ЗАКРИТО [za'krito]

OUVERT	**ВІДКРИТО** [wid'krito]
POUR LES FEMMES	**ДЛЯ ЖІНОК** [dlʲa ʒі'nɔk]
POUR LES HOMMES	**ДЛЯ ЧОЛОВІКІВ** [dlʲa ʧolowі'kiw]

Questions

Où? (lieu) | **Де?**
[dɛ?]

Où? (direction) | **Куди?**
[ku'dɨ?]

D'où? | **Звідки?**
['zwidkɨ?]

Pourquoi? | **Чому?**
[ʧo'mu?]

Pour quelle raison? | **Навіщо?**
[na'wiɕo?]

Quand? | **Коли?**
[ko'lɨ?]

Combien de temps? | **Скільки часу?**
['skilʲkɨ 'ʧasu?]

À quelle heure? | **О котрій?**
[o kot'rij?]

C'est combien? | **Скільки коштує?**
['skilʲkɨ 'koʃtuɛ?]

Avez-vous ... ? | **У вас є ...?**
[u was 'ɛ ...?]

Où est ..., s'il vous plaît? | **Де знаходиться ...?**
[dɛ zna'hodɨtʲsʲa ...?]

Quelle heure est-il? | **Котра година?**
[ko'tra ɦo'dɨna?]

Puis-je faire un appel? | **Чи можна мені зателефонувати?**
[ʧɨ 'mɔʒna mɛ'ni zatɛlɛfonu'watɨ?]

Qui est là? | **Хто там?**
[hto tam?]

Puis-je fumer ici? | **Чи можна мені тут палити?**
[ʧɨ 'mɔʒna mɛ'ni tut pa'lɨtɨ?]

Puis-je ...? | **Чи можна мені ...?**
[ʧɨ 'mɔʒna mɛ'ni ...?]

Besoins

Je voudrais …
Я б хотів /хотіла/ …
[ja b ho'tiw /ho'tila/ …]

Je ne veux pas …
Я не хочу …
[ja nɛ 'hɔʧu …]

J'ai soif.
Я хочу пити.
[ja 'hɔʧu 'piti.]

Je veux dormir.
Я хочу спати.
[ja 'hɔʧu 'spati.]

Je veux …
Я хочу …
[ja 'hɔʧu …]

me laver
вмитися
['wmitisʲa]

brosser mes dents
почистити зуби
[po'ʧistiti 'zubɨ]

me reposer un instant
трохи відпочити
['trɔhɨ widpo'ʧiti]

changer de vêtements
переодягнутися
[pɛrɛodʲahʲ'nutisʲa]

retourner à l'hôtel
повернутися в готель
[powɛr'nutisʲa w ho'tɛlʲ]

acheter …
купити …
[ku'pitɨ …]

aller à …
з'їздити в …
['zʔizditɨ w …]

visiter …
відвідати …
[wid'widatɨ …]

rencontrer …
зустрітися з …
[zust'ritisʲa z …]

faire un appel
зателефонувати
[zatɛlɛfonu'wati]

Je suis fatigué /fatiguée/
Я втомився /втомилася/.
[ja wto'miwsʲa /wto'miɫasʲa/.]

Nous sommes fatigués /fatiguées/
Ми втомилися.
[mɨ wto'miɫisʲa.]

J'ai froid.
Мені холодно.
[mɛ'ni 'hɔlodno.]

J'ai chaud.
Мені спекотно.
[mɛ'ni spɛ'kɔtno.]

Je suis bien.
Мені нормально.
[mɛ'ni nor'malʲno.]

Il me faut faire un appel.

Мені треба зателефонувати.
[mɛ'ni 'trɛba zatɛlɛfonu'watɨ.]

J'ai besoin d'aller aux toilettes.

Мені треба в туалет.
[mɛ'ni 'trɛba w tua'lɛt.]

Il faut que j'aille.

Мені вже час.
[mɛ'ni wʒɛ ʧas.]

Je dois partir maintenant.

Мушу вже йти.
['muʃu wʒɛ jtɨ.]

Comment demander la direction

Excusez-moi, ...
Вибачте, ...
['wibatʃtɛ, ...]

Où est ..., s'il vous plaît?
Де знаходиться ...?
[dɛ zna'hɔditʲsʲa ...?]

Dans quelle direction est ... ?
В якому напрямку знаходиться ...?
[w ja'kɔmu 'naprʲamku zna'hɔditʲsʲa ...?]

Pouvez-vous m'aider, s'il vous plaît ?
Допоможіть мені, будь ласка.
[dopomo'ʒitʲ mɛ'ni, budʲ 'laska.]

Je cherche ...
Я шукаю ...
[ja ʃu'kaʲu ...]

La sortie, s'il vous plaît?
Я шукаю вихід.
[ja ʃu'kaʲu 'wihid.]

Je vais à ...
Я їду в ...
[ja 'idu w ...]

C'est la bonne direction pour ...?
Чи правильно я йду ...?
[tʃi 'prawilʲno ja jdu ...?]

C'est loin?
Це далеко?
[tsɛ da'lɛko?]

Est-ce que je peux y aller à pied?
Чи дійду я туди пішки?
[tʃi dij'du ja tu'di 'piʃki?]

Pouvez-vous me le montrer sur la carte?
Покажіть мені на карті, будь ласка.
[poka'ʒitʲ mɛ'ni na 'karti, budʲ 'laska.]

Montrez-moi où sommes-nous,
s'il vous plaît.
Покажіть, де ми зараз.
[poka'ʒitʲ, dɛ mi 'zaraz.]

Ici
Тут
[tut]

Là-bas
Там
[tam]

Par ici
Сюди
[sʲu'di]

Tournez à droite.
Поверніть направо.
[powɛr'nitʲ na'prawo.]

Tournez à gauche.
Поверніть наліво.
[powɛr'nitʲ na'liwo.]

Prenez la première
(deuxième, troisième) rue.
перший (другий, третій) поворот
['pɛrʃij ('druɦij, 'trɛtij) powo'rɔt]

à droite
направо
[na'prawo]

à gauche

наліво
[na'liwo]

Continuez tout droit.

Ідіть прямо.
[i'ditʲ 'prʲamo.]

Affiches, Pancartes

BIENVENUE!	**ЛАСКАВО ПРОСИМО** [las'kawo 'prɔsimo]
ENTRÉE	**ВХІД** [whid]
SORTIE	**ВИХІД** ['wihid]
POUSSEZ	**ВІД СЕБЕ** [wid 'sɛbɛ]
TIREZ	**ДО СЕБЕ** [do 'sɛbɛ]
OUVERT	**ВІДКРИТО** [wid'krito]
FERMÉ	**ЗАКРИТО** [za'krito]
POUR LES FEMMES	**ДЛЯ ЖІНОК** [dlʲa ʒi'nɔk]
POUR LES HOMMES	**ДЛЯ ЧОЛОВІКІВ** [dlʲa tʃolowi'kiw]
MESSIEURS (m)	**ЧОЛОВІЧИЙ ТУАЛЕТ** [tʃolo'witʃij tua'lɛt]
FEMMES (f)	**ЖІНОЧИЙ ТУАЛЕТ** [ʒi'nɔtʃij tua'lɛt]
RABAIS	SOLDES	**ЗНИЖКИ** ['zniʒki]
PROMOTION	**РОЗПРОДАЖ** [roz'prɔdaʒ]
GRATUIT	**БЕЗКОШТОВНО** [bɛzkoʃ'tɔwno]
NOUVEAU!	**НОВИНКА!** [no'winka!]
ATTENTION!	**УВАГА!** [u'waɦa!]
COMPLET	**МІСЦЬ НЕМАЄ** [mists nɛ'maɛ]
RÉSERVÉ	**ЗАРЕЗЕРВОВАНО** [zarɛzɛr'wɔwano]
ADMINISTRATION	**АДМІНІСТРАЦІЯ** [admini'stratsiʲa]
PERSONNEL SEULEMENT	**ТІЛЬКИ ДЛЯ ПЕРСОНАЛУ** ['tilʲki dlʲa pɛrso'nalu]

ATTENTION AU CHIEN!	**ЗЛИЙ СОБАКА** [zlij so'baka]
NE PAS FUMER!	**НЕ ПАЛИТИ!** [nɛ pa'liti!]
NE PAS TOUCHER!	**РУКАМИ НЕ ТОРКАТИСЯ!** [ru'kami nɛ tor'katisʲa!]
DANGEREUX	**НЕБЕЗПЕЧНО** [nɛbɛz'pɛtʃno]
DANGER	**НЕБЕЗПЕКА** [nɛbɛz'pɛka]
HAUTE TENSION	**ВИСОКА НАПРУГА** [wi'sɔka na'pruɦa]
BAIGNADE INTERDITE!	**КУПАТИСЯ ЗАБОРОНЕНО** [ku'patisʲa zabo'rɔnɛno]

HORS SERVICE | EN PANNE	**НЕ ПРАЦЮЄ** [nɛ pra'tsʲuɛ]
INFLAMMABLE	**ВОГНЕНЕБЕЗПЕЧНО** ['woɦnɛ nɛbɛz'pɛtʃno]
INTERDIT	**ЗАБОРОНЕНО** [zabo'rɔnɛno]
ENTRÉE INTERDITE!	**ПРОХІД ЗАБОРОНЕНИЙ** [pro'hid zabo'rɔnɛnij]
PEINTURE FRAÎCHE	**ПОФАРБОВАНО** [pofar'bowano]

FERMÉ POUR TRAVAUX	**ЗАКРИТО НА РЕМОНТ** [za'krito na rɛ'mɔnt]
TRAVAUX EN COURS	**РЕМОНТНІ РОБОТИ** [rɛ'mɔntni ro'bɔti]
DÉVIATION	**ОБ'ЇЗД** [ob"izd]

Transport - Phrases générales

avion	**літак** [li'tak]
train	**поїзд** ['pɔizd]
bus, autobus	**автобус** [aw'tɔbus]
ferry	**пором** [po'rɔm]
taxi	**таксі** [tak'si]
voiture	**автомобіль** [awtomo'bilʲ]
horaire	**розклад** ['rɔzklad]
Où puis-je voir l'horaire?	**Де можна подивитися розклад?** [dɛ 'mɔʒna podi'witisʲa 'rɔzklad?]
jours ouvrables	**робочі дні** [ro'bɔtʃi dni]
jours non ouvrables	**вихідні дні** [wihid'ni dni]
jours fériés	**святкові дні** [swʲat'kɔwi dni]
DÉPART	**ВІДПРАВЛЕННЯ** [wid'prawlɛnʲa]
ARRIVÉE	**ПРИБУТТЯ** [pribut'tʲa]
RETARDÉE	**ЗАТРИМУЄТЬСЯ** [za'trimuɛtʲsʲa]
ANNULÉE	**ВІДМІНЕНИЙ** [wid'minɛnij]
prochain (train, etc.)	**наступний** [na'stupnij]
premier	**перший** ['pɛrʃij]
dernier	**останній** [os'tanij]
À quelle heure est le prochain ...?	**Коли буде наступний ...?** [ko'li 'budɛ na'stupnij ...?]
À quelle heure est le premier ...?	**Коли відправляється перший ...?** [ko'li widpraw'lʲaɛtʲsʲa 'pɛrʃij ...?]

À quelle heure est le dernier ...?

Коли відправляється останній ...?
[ko'li widpraw'lʲaɛtʲsʲa os'tanij ...?]

correspondance

пересадка
[pɛrɛ'sadka]

prendre la correspondance

зробити пересадку
[zro'bɨtɨ pɛrɛ'sadku]

Dois-je prendre la correspondance?

Чи потрібно мені робити пересадку?
[tʃɨ pot'ribno mɛ'ni ro'bɨtɨ pɛrɛ'sadku?]

Acheter un billet

Où puis-je acheter des billets?	**Де я можу купити квитки?** [dɛ ja 'mɔʒu ku'pitɨ kwit'kɨ?]
billet	**квиток** [kwɨ'tɔk]
acheter un billet	**купити квиток** [ku'pitɨ kwɨ'tɔk]
le prix d'un billet	**вартість квитка** ['wartistʲ kwit'ka]
Pour aller où?	**Куди?** [ku'dɨ?]
Quelle destination?	**До якої станції?** [do ja'kɔi 'stanʦii?]
Je voudrais ...	**Мені потрібно ...** [mɛ'ni po'tribno ...]
un billet	**один квиток** [o'dɨn kwɨ'tɔk]
deux billets	**два квитки** [dwa kwit'kɨ]
trois billets	**три квитки** [tri kwit'kɨ]
aller simple	**в один кінець** [w o'dɨn ki'nɛʦ]
aller-retour	**туди і назад** [tu'dɨ i na'zad]
première classe	**перший клас** ['pɛrʃɨj klas]
classe économique	**другий клас** ['druɦɨj klas]
aujourd'hui	**сьогодні** [sʲo'ɦɔdni]
demain	**завтра** ['zawtra]
après-demain	**післязавтра** [pislʲa'zawtra]
dans la matinée	**вранці** ['wranʦi]
l'après-midi	**вдень** ['wdɛnʲ]
dans la soirée	**ввечері** ['wvɛʧɛri]

siège côté couloir

місце біля проходу
['misʦɛ 'bilʲa pro'hɔdu]

siège côté fenêtre

місце біля вікна
['misʦɛ 'bilʲa wik'na]

C'est combien?

Скільки?
['skilʲki?]

Puis-je payer avec la carte?

Чи можу я заплатити карткою?
[ʧi 'mɔʒu ja zapla'titi 'kartkoʲu?]

L'autobus

bus, autobus
автобус
[aw'tɔbus]

autocar
міжміський автобус
[miʒmisʲkij aw'tɔbus]

arrêt d'autobus
автобусна зупинка
[aw'tɔbusna zu'pinka]

Où est l'arrêt d'autobus le plus proche?
Де найближча автобусна зупинка?
[dɛ najbˈliʒtʃa aw'tɔbusna zu'pinka?]

numéro
номер
['nɔmɛr]

Quel bus dois-je prendre pour aller à ...?
Який автобус їде до ...?
[jaˈkij aw'tɔbus 'idɛ do ...?]

Est-ce que ce bus va à ...?
Цей автобус їде до ...?
[ʦɛj aw'tɔbus 'idɛ do ...?]

L'autobus passe tous les combien?
Як часто ходять автобуси?
[jak 'tʃasto 'hɔdʲatʲ aw'tɔbusi?]

chaque quart d'heure
кожні 15 хвилин
['kɔʒni pʲjatˈnadʦʲatʲ hwiˈlin]

chaque demi-heure
щопівгодини
[ɕopiwhoˈdini]

chaque heure
щогодини
[ɕohoˈdini]

plusieurs fois par jour
кілька разів на день
['kilʲka raˈziw na dɛnʲ]

... fois par jour
... разів на день
[... raˈziw na 'dɛnʲ]

horaire
розклад
['rɔzklad]

Où puis-je voir l'horaire?
Де можна подивитися розклад?
[dɛ 'mɔʒna podiˈwitisʲa 'rɔzklad?]

À quelle heure passe le prochain bus?
Коли буде наступний автобус?
[koˈli 'budɛ na'stupnij aw'tɔbus?]

À quelle heure passe le premier bus?
Коли відправляється перший автобус?
[koˈli widprawˈlʲaɛtʲsʲa 'pɛrʃij aw'tɔbus?]

À quelle heure passe le dernier bus?
Коли їде останній автобус?
[koˈli 'idɛ os'tanij aw'tɔbus?]

arrêt	**зупинка** [zu'pɨnka]
prochain arrêt	**наступна зупинка** [na'stupna zu'pɨnka]
terminus	**кінцева зупинка** [kin'tsɛwa zu'pɨnka]
Pouvez-vous arrêter ici, s'il vous plaît.	**Зупиніть тут, будь ласка.** [zupɨ'nitʲ tut, budʲ 'laska.]
Excusez-moi, c'est mon arrêt.	**Дозвольте, це моя зупинка.** [doz'wɔlʲtɛ, tsɛ mo'ʲa zu'pɨnka.]

Train

train	**поїзд** ['pɔizd]
train de banlieue	**приміський поїзд** [primisʲ'kij 'pɔizd]
train de grande ligne	**поїзд далекого прямування** ['pɔizd da'lɛkoɦo prʲamu'wanʲa]
la gare	**вокзал** [wok'zal]
Excusez-moi, où est la sortie vers les quais?	**Вибачте, де вихід до поїздів?** ['wibatʃtɛ, dɛ 'wiɦid do poiz'diw?]
Est-ce que ce train va à ...?	**Цей поїзд їде до ...?** [tsɛj 'pɔizd 'idɛ do ...?]
le prochain train	**наступний поїзд** [na'stupnij 'pɔizd]
À quelle heure est le prochain train?	**Коли буде наступний поїзд?** [ko'lɪ 'budɛ na'stupnij 'pɔizd?]
Où puis-je voir l'horaire?	**Де можна подивитися розклад?** [dɛ 'mɔʒna podi'witisʲa 'rɔzklad?]
De quel quai?	**З якої платформи?** [z ja'kɔi plat'fɔrmi?]
À quelle heure arrive le train à ...?	**Коли поїзд прибуває в ...?** [ko'lɪ 'pɔizd pribu'waɛ w ...?]
Pouvez-vous m'aider, s'il vous plaît?	**Допоможіть мені, будь ласка.** [dopomo'ʒitʲ mɛ'ni, budʲ 'laska.]
Je cherche ma place.	**Я шукаю своє місце.** [ja ʃu'kaʲu swo'ɛ 'mistsɛ.]
Nous cherchons nos places.	**Ми шукаємо наші місця.** [mɪ ʃu'kaɛmo 'naʃi mis'tsʲa.]
Ma place est occupée.	**Моє місце зайняте.** [mo'ɛ 'mistsɛ 'zajnʲatɛ.]
Nos places sont occupées.	**Наші місця зайняті.** ['naʃi mis'tsʲa 'zajnʲati.]
Excusez-moi, mais c'est ma place.	**Вибачте, будь ласка, але це моє місце.** ['wibatʃtɛ, budʲ 'laska, a'lɛ tsɛ mo'ɛ 'mistsɛ.]
Est-ce que cette place est libre?	**Це місце вільне?** [tsɛ 'mistsɛ 'wilʲnɛ?]
Puis-je m'asseoir ici?	**Можна мені тут сісти?** ['mɔʒna mɛ'ni tut 'sisti?]

Sur le train - Dialogue (Pas de billet)

Votre billet, s'il vous plaît.
Ваш квиток, будь ласка.
[waʃ kwi'tɔk, budʲ 'laska.]

Je n'ai pas de billet.
У мене немає квитка.
[u 'mɛnɛ nɛ'maɛ kwit'ka.]

J'ai perdu mon billet.
Я загубив /загубила/ свій квиток.
[ja zaɦu'biw /zaɦu'bila/ swij kwi'tɔk.]

J'ai oublié mon billet à la maison.
Я забув /забула/ квиток вдома.
[ja za'buw /za'bula/ kwi'tɔk 'wdoma.]

Vous pouvez m'acheter un billet.
Ви можете купити квиток у мене.
[wi 'mɔʒɛtɛ ku'piti kwi'tɔk u 'mɛnɛ.]

Vous devrez aussi payer une amende.
Вам ще доведеться заплатити штраф.
[wam ɕɛ dowɛ'dɛtʲsʲa zapla'titi ʃtraf.]

D'accord.
Добре.
['dobrɛ.]

Où allez-vous?
Куди ви їдете?
[ku'di wi 'idɛtɛ?]

Je vais à …
Я їду до …
[ja 'idu do …]

Combien? Je ne comprend pas.
Скільки? Я не розумію.
['skilʲki? ja nɛ rozu'miʲu.]

Pouvez-vous l'écrire, s'il vous plaît.
Напишіть, будь ласка.
[napi'ʃitʲ, budʲ 'laska.]

D'accord. Puis-je payer avec la carte?
Добре. Чи можу я заплатити карткою?
['dobrɛ. tʃi 'mɔʒu ja zapla'titi 'kartkoʲu?]

Oui, bien sûr.
Так, можете.
[tak, 'mɔʒɛtɛ.]

Voici votre reçu.
Ось ваша квитанція.
[osʲ 'waʃa kwi'tantsiʲa.]

Désolé pour l'amende.
Шкодую про штраф.
[ʃko'duʲu pro 'ʃtraf.]

Ça va. C'est de ma faute.
Це нічого. Це моя вина.
[tsɛ ni'tʃoɦo tsɛ moʲa wi'na.]

Bon voyage.
Приємної вам поїздки.
[pri'ɛmnoi wam po'izdki.]

Taxi

taxi	**таксі** [tak'si]
chauffeur de taxi	**таксист** [tak'sist]
prendre un taxi	**зловити таксі** [zlo'witi tak'si]
arrêt de taxi	**стоянка таксі** [sto'ʲanka tak'si]
Où puis-je trouver un taxi?	**Де я можу взяти таксі?** [dɛ ja 'mɔʒu 'wzʲati tak'si?]
appeler un taxi	**викликати таксі** ['wiklikati tak'si]
Il me faut un taxi.	**Мені потрібно таксі.** [mɛ'ni po'tribno tak'si.]
maintenant	**Просто зараз.** ['prɔsto 'zaraz.]
Quelle est votre adresse?	**Ваша адреса?** ['waʃa ad'rɛsa?]
Mon adresse est ...	**Моя адреса ...** [mo'ʲa ad'rɛsa ...]
Votre destination?	**Куди ви поїдете?** [ku'di wi po'idɛtɛ?]
Excusez-moi, ...	**Вибачте, ...** ['wibatʃtɛ, ...]
Vous êtes libre ?	**Ви вільні?** [wi 'wilʲni?]
Combien ça coûte pour aller à ...?	**Скільки коштує доїхати до ...?** ['skilʲki 'koʃtuɛ do'ihati do ...?]
Vous savez où ça se trouve?	**Ви знаєте, де це?** [wi 'znaɛtɛ, dɛ tsɛ?]
À l'aéroport, s'il vous plaît.	**В аеропорт, будь ласка.** [w aɛro'port, budʲ 'laska.]
Arrêtez ici, s'il vous plaît.	**Зупиніться тут, будь ласка.** [zupi'nitʲsʲa tut, budʲ 'laska.]
Ce n'est pas ici.	**Це не тут.** [tsɛ nɛ tut.]
C'est la mauvaise adresse.	**Це неправильна адреса.** [tsɛ nɛ'prawilʲna ad'rɛsa.]
tournez à gauche	**Зараз наліво.** ['zaraz na'liwo.]
tournez à droite	**Зараз направо.** ['zaraz na'prawo.]

Combien je vous dois?

Скільки я вам винен /винна/?
['skilʲki ja wam 'winɛn /'wina/?]

J'aimerais avoir un reçu, s'il vous plaît.

Дайте мені чек, будь ласка.
['dajtɛ mɛ'ni ʧɛk, budʲ 'laska.]

Gardez la monnaie.

Здачі не треба.
['zdaʧi nɛ 'trɛba.]

Attendez-moi, s'il vous plaît ...

Зачекайте мене, будь ласка.
[zaʧɛ'kajtɛ mɛ'nɛ, budʲ 'laska.]

cinq minutes

5 хвилин
['pʲatʲ hwi'lin]

dix minutes

10 хвилин
['dɛsʲatʲ hwi'lin]

quinze minutes

15 хвилин
[pʲat'nadʦʲatʲ hwi'lin]

vingt minutes

20 хвилин
['dwadʦʲatʲ hwi'lin]

une demi-heure

півгодини
[piwɦo'dini]

Hôtel

Bonjour.	**Добрий день.** ['dɔbrij dɛnʲ.]
Je m'appelle …	**Мене звуть …** [mɛ'nɛ zwutʲ …]
J'ai réservé une chambre.	**Я резервував /резервувала/ номер.** [ja rɛzɛrwu'waw /rɛzɛrwu'wala/ 'nɔmɛr.]
Je voudrais …	**Мені потрібен …** [mɛ'ni po'tribɛn …]
une chambre simple	**одномісний номер** [odno'misnij 'nɔmɛr]
une chambre double	**двомісний номер** [dwo'misnij 'nɔmɛr]
C'est combien?	**Скільки він коштує?** ['skilʲki win 'kɔʃtuɛ?]
C'est un peu cher.	**Це трохи дорого.** [ʦɛ 'trɔhi 'dɔroho.]
Avez-vous autre chose?	**У вас є ще що-небудь?** [u was 'ɛ ɕɛ ɕo-'nɛbudʲ?]
Je vais la prendre.	**Я візьму його.** [ja wizʲ'mu ʲo'hɔ.]
Je vais payer comptant.	**Я заплачу готівкою.** [ja zapla'ʧu ho'tiwkoʲu.]
J'ai un problème.	**У мене є проблема.** [u 'mɛnɛ ɛ prob'lɛma.]
Mon /Ma/ … ne fonctionne pas.	**У мене не працює …** [u 'mɛnɛ nɛ pra'ʦʲuɛ …]
télé	**телевізор** [tɛlɛ'wizor]
air conditionné	**кондиціонер** [kondiʦio'nɛr]
robinet	**кран** [kran]
douche	**душ** [duʃ]
évier	**раковина** ['rakowina]
coffre-fort	**сейф** [sɛjf]
serrure de porte	**замок** [za'mɔk]

prise électrique	**розетка** [ro'zɛtka]
sèche-cheveux	**фен** [fɛn]

Je n'ai pas …	**У мене немає …** [u 'mɛnɛ nɛ'maɛ …]
d'eau	**води** [wo'dɨ]
de lumière	**світла** ['switla]
d'électricité	**електрики** [ɛ'lɛktrɨkɨ]

Pouvez-vous me donner …?	**Чи не можете мені дати …?** [tʃɨ nɛ 'mɔʒɛtɛ mɛ'ni 'datɨ …?]
une serviette	**рушник** [ruʃ'nɨk]
une couverture	**ковдру** ['kɔwdru]
des pantoufles	**тапочки** ['tapoʧkɨ]
une robe de chambre	**халат** [ha'lat]
du shampoing	**шампунь** [ʃam'punʲ]
du savon	**мило** ['mɨlo]

Je voudrais changer ma chambre.	**Я б хотів /хотіла/ поміняти номер.** [ja b ho'tiw /ho'tila/ pomi'nʲatɨ 'nɔmɛr.]
Je ne trouve pas ma clé.	**Я не можу знайти свій ключ.** [ja nɛ 'mɔʒu znaj'tɨ swij 'klʲuʧ.]
Pourriez-vous ouvrir ma chambre, s'il vous plaît?	**Відкрийте мій номер, будь ласка.** [wid'krijtɛ mij 'nɔmɛr, budʲ 'laska.]
Qui est là?	**Хто там?** [hto tam?]
Entrez!	**Заходьте!** [za'hɔdʲtɛ!]
Une minute!	**Одну хвилину!** [od'nu hwɨ'lɨnu!]
Pas maintenant, s'il vous plaît.	**Будь ласка, не зараз.** [budʲ 'laska, nɛ 'zaraz.]

Pouvez-vous venir à ma chambre, s'il vous plaît.	**Зайдіть до мене, будь ласка.** [zaj'ditʲ do 'mɛnɛ, budʲ 'laska.]
J'aimerais avoir le service d'étage.	**Я хочу зробити замовлення їжі в номер.** [ja 'hɔʧu zro'bɨtɨ za'mɔwlɛnja 'iʒi w 'nɔmɛr.]
Mon numéro de chambre est le …	**Мій номер кімнати …** [mij 'nɔmɛr kim'natɨ …]

Je pars ...	**Я їду ...**
	[ja 'idu ...]
Nous partons ...	**Ми їдемо ...**
	[mɨ 'idɛmo ...]
maintenant	**зараз**
	['zaraz]
cet après-midi	**сьогодні після обіду**
	[sʲo'ɦɔdni 'pislʲa o'bidu]
ce soir	**сьогодні ввечері**
	[sʲo'ɦɔdni 'wvɛʧɛri]
demain	**завтра**
	['zawtra]
demain matin	**завтра вранці**
	['zawtra 'wranʦi]
demain après-midi	**завтра ввечері**
	['zawtra 'wvɛʧɛri]
après-demain	**післязавтра**
	[pislʲa'zawtra]

Je voudrais régler mon compte.	**Я б хотів /хотіла/ розрахуватися.**
	[ja b ho'tiw /ho'tila/ rozrahu'watisʲa.]
Tout était merveilleux.	**Все було чудово.**
	[wsɛ bu'lɔ ʧu'dɔwo.]
Où puis-je trouver un taxi?	**Де я можу взяти таксі?**
	[dɛ ja 'mɔʒu 'wzʲatɨ tak'si?]
Pourriez-vous m'appeler un taxi, s'il vous plaît?	**Викличте мені таксі, будь ласка.**
	['wiklɨʧtɛ mɛ'ni tak'si, budʲ 'laska.]

Restaurant

Puis-je voir le menu, s'il vous plaît?

Чи можу я подивитися ваше меню?
[tʃɨ 'moʒu ja podɨ'wɨtɨsʲa 'waʃɛ mɛ'nʲu?]

Une table pour une personne.

Столик для одного.
['stolɨk dlʲa od'noɦo.]

Nous sommes deux (trois, quatre).

Нас двоє (троє, четверо).
[nas 'dwɔɛ ('trɔɛ, 'tʃɛtwɛro).]

Fumeurs

Для курців
[dlʲa kurʲtsiw]

Non-fumeurs

Для некурців
[dlʲa nɛkurʲtsiw]

S'il vous plaît!

Будьте ласкаві!
['budʲtɛ las'kawi!]

menu

меню
[mɛ'nʲu]

carte des vins

карта вин
['karta wɨn]

Le menu, s'il vous plaît.

Меню, будь ласка.
[mɛ'nʲu, budʲ 'laska.]

Êtes-vous prêts à commander?

Ви готові зробити замовлення?
[wɨ ɦo'towi zro'bɨtɨ za'mowlɛnʲa?]

Qu'allez-vous prendre?

Що ви будете замовляти?
[ɕo wɨ 'budɛtɛ zamow'lʲatɨ?]

Je vais prendre …

Я буду …
[ja 'budu …]

Je suis végétarien.

Я вегетаріанець /вегетаріанка/.
[ja wɛɦɛtari'anɛts /wɛɦɛtari'anka/.]

viande

м'ясо
['mʲaso]

poisson

риба
['rɨba]

légumes

овочі
['owotʃi]

Avez-vous des plats végétariens?

У вас є вегетаріанські страви?
[u was 'ɛ wɛɦɛtari'ansʲki 'strawɨ?]

Je ne mange pas de porc.

Я не їм свинину.
[ja nɛ im swɨ'nɨnu.]

Il /elle/ ne mange pas de viande.

Він /вона/ не їсть м'ясо.
[win /wo'na/ nɛ istʲ 'mʲaso.]

Je suis allergique à …

У мене алергія на …
[u 'mɛnɛ alɛrʲɦiʲa na …]

Pourriez-vous m'apporter …, s'il vous plaît.
Принесіть мені, будь ласка …
[prinɛ'sitʲ mɛ'ni, budʲ 'laska …]

le sel | le poivre | du sucre
сіль | перець | цукор
[silʲ | 'pɛrɛts | 'tsukor]

un café | un thé | un dessert
каву | чай | десерт
['kawu | ʧaj | dɛ'sɛrt]

de l'eau | gazeuse | plate
воду | з газом | без газу
['wɔdu | z 'ɦazom | bɛz 'ɦazu]

une cuillère | une fourchette | un couteau
ложку | вилку | ніж
['lɔʒku | 'wɪlku | niʒ]

une assiette | une serviette
тарілку | серветку
[ta'rilku | sɛr'wɛtku]

Bon appétit!
Смачного!
[smaʧ'noɦo!]

Un de plus, s'il vous plaît.
Принесіть ще, будь ласка.
[prinɛ'sitʲ ɕɛ, budʲ 'laska.]

C'était délicieux.
Було дуже смачно.
[bu'lɔ 'duʒɛ 'smaʧno.]

---

l'addition | de la monnaie | le pourboire
рахунок | здача | чайові
[ra'ɦunok | 'zdaʧa | ʧaʲo'wi]

L'addition, s'il vous plaît.
Рахунок, будь ласка.
[ra'ɦunok, budʲ 'laska.]

Puis-je payer avec la carte?
Чи можу я заплатити карткою?
[ʧi 'mɔʒu ja zapla'tɪtɪ 'kartkoʲu?]

Excusez-moi, je crois qu'il y a une erreur ici.
Вибачте, тут помилка.
['wɪbaʧtɛ, tut po'mɪlka.]

Shopping. Faire les Magasins

Est-ce que je peux vous aider? **Чи можу я вам допомогти?**
[ʧi 'mɔʒu ja wam dopomoɦ'ti?]

Avez-vous ... ? **У вас є ...?**
[u was 'ɛ ...?]

Je cherche ... **Я шукаю ...**
[ja ʃu'kaʲu ...]

Il me faut ... **Мені потрібен ...**
[mɛ'ni po'tribɛn ...]

Je regarde seulement, merci. **Я просто дивлюся.**
[ja 'prɔsto 'diwlʲusʲa.]

Nous regardons seulement, merci. **Ми просто дивимося.**
[mi 'prɔsto 'diwimosʲa.]

Je reviendrai plus tard. **Я зайду пізніше.**
[ja zaj'du piz'niʃɛ.]

On reviendra plus tard. **Ми зайдемо пізніше.**
[mi 'zajdɛmo piz'niʃɛ.]

Rabais | Soldes **знижки | розпродаж**
['zniʒki | roz'prodaʒ]

Montrez-moi, s'il vous plaît ... **Покажіть мені, будь ласка ...**
[poka'ʒitʲ mɛ'ni, budʲ 'laska ...]

Donnez-moi, s'il vous plaît ... **Дайте мені, будь ласка ...**
['dajtɛ mɛ'ni, budʲ 'laska ...]

Est-ce que je peux l'essayer? **Чи можна мені це приміряти?**
[ʧi 'mɔʒna mɛ'ni ʦɛ pri'mirʲati?]

Excusez-moi, où est la cabine d'essayage? **Вибачте, де примірювальна?**
['wibatʃtɛ, dɛ pri'mirʲuwalʲna?]

Quelle couleur aimeriez-vous? **Який колір ви хочете?**
[ja'kij 'kolir wi 'hoʧɛtɛ?]

taille | longueur **розмір | зріст**
['rɔzmir | zrist]

Est-ce que la taille convient ? **Підійшло?**
[pidij'ʃlɔ?]

Combien ça coûte? **Скільки це коштує?**
['skilʲki ʦɛ 'koʃtuɛ?]

C'est trop cher. **Це занадто дорого.**
[ʦɛ za'nadto 'doroɦo.]

Je vais le prendre. **Я візьму це.**
[ja wizʲ'mu ʦɛ.]

Excusez-moi, où est la caisse? **Вибачте, де каса?**
['wibatʃtɛ, dɛ 'kasa?]

Payerez-vous comptant ou par carte de crédit?

Як ви будете платити? Готівкою чи кредиткою?
[jak wɨ 'budɛtɛ pla'tɨtɨ? ɦoˈtiwkoʲu tʃɨ krɛ'dɨtkoʲu?]

Comptant | par carte de crédit

готівкою | карткою
[ɦoˈtiwkoʲu | 'kartkoʲu]

Voulez-vous un reçu?

Вам потрібен чек?
[wam poˈtribɛn tʃɛk?]

Oui, s'il vous plaît.

Так, будьте ласкаві.
[tak, 'budʲtɛ lasˈkawi.]

Non, ce n'est pas nécessaire.

Ні, не потрібно. Дякую.
[ni, nɛ poˈtribno. 'dʲakuʲu.]

Merci. Bonne journée!

Дякую. На все добре!
['dʲakuʲu. na wsɛ 'dɔbrɛ.]

En ville

Excusez-moi, …

Вибачте, будь ласка …
['wɪbatʃtɛ, budʲ 'laska …]

Je cherche …

Я шукаю …
[ja ʃu'kaʲu …]

le métro

метро
[mɛt'rɔ]

mon hôtel

свій готель
[swij ɦo'tɛlʲ]

le cinéma

кінотеатр
[kinotɛ'atr]

un arrêt de taxi

стоянку таксі
[sto'ʲanku tak'si]

un distributeur

банкомат
[banko'mat]

un bureau de change

обмін валют
['ɔbmin wa'lʲut]

un café internet

інтернет-кафе
[intɛr'nɛt-ka'fɛ]

la rue …

вулицю …
['wuliʦʲu …]

cette place-ci

ось це місце
[osʲ ʦɛ 'misʦɛ]

Savez-vous où se trouve …?

Чи не знаєте Ви, де знаходиться …?
[ʧi nɛ 'znaɛtɛ wɪ, dɛ zna'ɦoditʲsʲa …?]

Quelle est cette rue?

Як називається ця вулиця?
[jak nazi'waɛtʲsʲa ʦʲa 'wuliʦʲa?]

Montrez-moi où sommes-nous,
s'il vous plaît.

Покажіть, де ми зараз.
[poka'ʒitʲ, dɛ mɪ 'zaraz.]

Est-ce que je peux y aller à pied?

Я дійду туди пішки?
[ja dij'du tu'dɪ 'piʃkɪ?]

Avez-vous une carte de la ville?

У вас є карта міста?
[u was 'ɛ 'karta 'mista?]

C'est combien pour un ticket?

Скільки коштує вхідний квиток?
['skilʲkɪ 'koʃtuɛ whid'nɪj kwɪ'tɔk?]

Est-ce que je peux faire des photos?

Чи можна тут фотографувати?
[ʧɪ 'mɔʒna tut fotoɦrafu'wati?]

Êtes-vous ouvert?

Ви відкриті?
[wɪ widk'riti?]

À quelle heure ouvrez-vous?

О котрій ви відкриваєтесь?
[o kot'rij wɨ widkri'waɛtɛsʲ?]

À quelle heure fermez-vous?

До котрої години ви працюєте?
[do ko'trɔi ɦo'dini wɨ pra'tsʲuɛtɛ?]

L'argent

argent	**гроші** ['ɦrɔʃi]
argent liquide	**готівкові гроші** [ɦotiw'kɔwi 'ɦrɔʃi]
des billets	**паперові гроші** [papɛ'rɔwi 'ɦrɔʃi]
petite monnaie	**дрібні гроші** [drib'ni 'ɦrɔʃi]
l'addition | de la monnaie | le pourboire	**рахунок | здача | чайові** [ra'hunok | 'zdatʃa | tʃajo'wi]
carte de crédit	**кредитна картка** [krɛ'ditna 'kartka]
portefeuille	**гаманець** [ɦama'nɛts]
acheter	**купувати** [kupu'watij]
payer	**платити** [pla'titi]
amende	**штраф** ['ʃtraf]
gratuit	**безкоштовно** [bɛzkoʃ'towno]
Où puis-je acheter ... ?	**Де я можу купити ...?** [dɛ ja 'mɔʒu ku'piti ...?]
Est-ce que la banque est ouverte en ce moment?	**Чи відкритий зараз банк?** [tʃi wid'kritij 'zaraz bank?]
À quelle heure ouvre-t-elle?	**О котрій він відкривається?** [o kot'rij win widkri'waɛtsʲa?]
À quelle heure ferme-t-elle?	**До котрої години він працює?** [do ko'trɔi ɦo'dini win pra'tsʲuɛ?]
C'est combien?	**Скільки?** ['skilʲki?]
Combien ça coûte?	**Скільки це коштує?** ['skilʲki tsɛ 'koʃtuɛ?]
C'est trop cher.	**Це занадто дорого.** [tsɛ za'nadto 'dɔrofo.]
Excusez-moi, où est la caisse?	**Вибачте, де каса?** ['wibatʃtɛ, dɛ 'kasa?]
L'addition, s'il vous plaît.	**Рахунок, будь ласка.** [ra'hunok, budʲ 'laska.]

Puis-je payer avec la carte? **Чи можу я заплатити карткою?**
[tʃi 'mɔʒu ja zapla'titi 'kartkoʲu?]

Est-ce qu'il y a un distributeur ici? **Тут є банкомат?**
[tut ɛ banko'mat?]

Je cherche un distributeur. **Мені потрібен банкомат.**
[mɛ'ni po'tribɛn banko'mat.]

Je cherche un bureau de change. **Я шукаю обмін валют.**
[ja ʃu'kaʲu 'ɔbmin wa'lʲut.]

Je voudrais changer ... **Я б хотів /хотіла/ поміняти ...**
[ja b ho'tiw /ho'tila/ pomi'nʲati ...]

Quel est le taux de change? **Який курс обміну?**
[ja'kij kurs 'ɔbminu?]

Avez-vous besoin de mon passeport? **Вам потрібен мій паспорт?**
[wam po'tribɛn mij 'pasport?]

Le temps

Quelle heure est-il?

Котра година?
[ko'tra ɦo'di̇na?]

Quand?

Коли?
[ko'li̇?]

À quelle heure?

О котрій?
[o kot'rij?]

maintenant | plus tard | après ...

зараз | пізніше | після ...
['zaraz | piz'niʃɛ | 'pislʲa ...]

une heure

перша година дня
['pɛrʃa ɦo'di̇na dnʲa]

une heure et quart

п'ятнадцять на другу
[pʲat'nadtsʲatʲ na 'druɦu]

une heure et demie

половина другої
[polo'wi̇na 'druɦoi]

deux heures moins quart

за п'ятнадцять друга
[za pʲat'natts̓atʲ 'druɦa]

un | deux | trois

один | два | три
[o'di̇n | dwa | tri̇]

quatre | cinq | six

чотири | п'ять | шість
[ʧo'ti̇ri̇ | 'pʲatʲ | ʃistʲ]

sept | huit | neuf

сім | вісім | дев'ять
[sim | 'wisim | 'dɛwʲatʲ]

dix | onze | douze

десять | одинадцять | дванадцять
['dɛsʲatʲ | odi'nadtsʲatʲ | dwa'nadtsʲatʲ]

dans ...

через ...
['ʧɛrɛz ...]

cinq minutes

5 хвилин
['pʲatʲ hwi̇'lin]

dix minutes

10 хвилин
['dɛsʲatʲ hwi̇'lin]

quinze minutes

15 хвилин
[pʲat'nadtsʲatʲ hwi̇'lin]

vingt minutes

20 хвилин
['dwadtsʲatʲ hwi̇'lin]

une demi-heure

півгодини
[piwɦo'di̇ni̇]

une heure

одна година
[od'na ɦo'di̇na]

dans la matinée	**вранці** ['wranʦi]
tôt le matin	**рано вранці** ['rano 'wranʦi]
ce matin	**сьогодні вранці** [sʲo'ɦɔdni 'wranʦi]
demain matin	**завтра вранці** ['zawtra 'wranʦi]
à midi	**в обід** [w o'bid]
dans l'après-midi	**після обіду** ['pislʲa o'bidu]
dans la soirée	**ввечері** ['wvɛʧɛri]
ce soir	**сьогодні ввечері** [sʲo'ɦɔdni 'wvɛʧɛri]
la nuit	**вночі** [wno'ʧi]
hier	**вчора** ['wʧɔra]
aujourd'hui	**сьогодні** [sʲo'ɦɔdni]
demain	**завтра** ['zawtra]
après-demain	**післязавтра** [pislʲa'zawtra]
Quel jour sommes-nous aujourd'hui?	**Який сьогодні день?** [ja'kij sʲo'ɦɔdni dɛnʲ?]
Nous sommes …	**Сьогодні …** [sʲo'ɦɔdni …]
lundi	**понеділок** [ponɛ'dilok]
mardi	**вівторок** [wiw'tɔrok]
mercredi	**середа** [sɛrɛ'da]
jeudi	**четвер** [ʧɛt'wɛr]
vendredi	**п'ятниця** ['pʲʲatnɨʦʲa]
samedi	**субота** [su'bɔta]
dimanche	**неділя** [nɛ'dilʲa]

Salutations - Introductions

Bonjour.	**Добрий день.** ['dɔbrij dɛnʲ.]
Enchanté /Enchantée/	**Радий /рада/ з вами познайомитися.** ['radij /'rada/ z 'wamʲ poznaʲjɔmʲitisʲa.]
Moi aussi.	**Я теж.** [ja tɛʒ.]
Je voudrais vous présenter …	**Знайомтеся. Це …** [znaʲjɔmtɛsʲa. ʦɛ …]
Ravi /Ravie/ de vous rencontrer.	**Дуже приємно.** ['duʒɛ priʲɛmno.]
Comment allez-vous?	**Як ви? Як у вас справи?** [jak wɨ? jak u was 'sprawɨ?]
Je m'appelle …	**Мене звуть …** [mɛ'nɛ zwutʲ …]
Il s'appelle …	**Його звуть …** [ʲo'ɦɔ zwutʲ …]
Elle s'appelle …	**Її звуть …** [ʲiɨ 'zwutʲ …]
Comment vous appelez-vous?	**Як вас звуть?** [jak was 'zwutʲ?]
Quel est son nom?	**Як його звуть?** [jak ʲo'ɦɔ zwutʲ?]
Quel est son nom?	**Як її звуть?** [jak ʲiɨ 'zwutʲ?]
Quel est votre nom de famille?	**Яке ваше прізвище?** [ja'kɛ 'waʃɛ 'prizwɨɕɛ?]
Vous pouvez m'appeler …	**Називайте мене …** [nazɨ'wajtɛ mɛ'nɛ …]
D'où êtes-vous?	**Звідки ви?** ['zwidkɨ wɨ?]
Je suis de …	**Я з …** [ja z …]
Qu'est-ce que vous faites dans la vie?	**Ким ви працюєте?** [kɨm wɨ pra'ʦʲuɛtɛ?]
Qui est-ce?	**Хто це?** [hto ʦɛ?]
Qui est-il?	**Хто він?** [hto win?]
Qui est-elle?	**Хто вона?** [hto wo'na?]

Qui sont-ils?	**Хто вони?** [hto woˈni?]
C'est …	**Це …** [tsɛ …]
mon ami	**мій друг** [mij druɦ]
mon amie	**моя подруга** [moˈʲa ˈpɔdruɦa]
mon mari	**мій чоловік** [mij tʃoloˈwik]
ma femme	**моя дружина** [moˈʲa druˈʒina]
mon père	**мій батько** [mij ˈbatʲko]
ma mère	**моя мама** [moˈʲa ˈmama]
mon frère	**мій брат** [mij brat]
ma sœur	**моя сестра** [moˈʲa sɛstˈra]
mon fils	**мій син** [mij sin]
ma fille	**моя дочка** [moˈʲa dotʃˈka]
C'est notre fils.	**Це наш син.** [tsɛ naʃ sin.]
C'est notre fille.	**Це наша дочка.** [tsɛ ˈnaʃa dotʃˈka.]
Ce sont mes enfants.	**Це мої діти.** [tsɛ moˈi ˈditi.]
Ce sont nos enfants.	**Це наші діти.** [tsɛ ˈnaʃi ˈditi.]

Les adieux

Au revoir!
До побачення!
[do po'batʃɛnʲa!]

Salut!
Бувай!
[bu'waj!]

À demain.
До завтра.
[do 'zawtra.]

À bientôt.
До зустрічі.
[do 'zustritʃi.]

On se revoit à sept heures.
Зустрінемось о сьомій.
[zust'rinɛmosʲ o 'sʲɔmij.]

Amusez-vous bien!
Розважайтеся!
[rozwa'ʒajtɛsʲa!]

On se voit plus tard.
Поговоримо пізніше.
[poɦo'worimo piz'niʃɛ.]

Bonne fin de semaine.
Вдалих вихідних.
['wdalih wihid'nih.]

Bonne nuit.
На добраніч.
[na do'branitʃ.]

Il est l'heure que je parte.
Мені вже час.
[mɛ'ni wʒɛ tʃas.]

Je dois m'en aller.
Мушу йти.
['muʃu jti.]

Je reviens tout de suite.
Я зараз повернусь.
[ja 'zaraz powɛr'nusʲ.]

Il est tard.
Вже пізно.
[wʒɛ 'pizno.]

Je dois me lever tôt.
Мені рано вставати.
[mɛ'ni 'rano wsta'wati.]

Je pars demain.
Я завтра від'їжджаю.
[ja 'zawtra widʲiʒ'dʒaʲu.]

Nous partons demain.
Ми завтра від'їжджаємо.
[mɨ 'zawtra widʲiʒ'dʒaɛmo.]

Bon voyage!
Щасливої поїздки!
[ɕas'lɨwoi po'izdkɨ!]

Enchanté de faire votre connaissance.
Було приємно з вами познайомитися.
[bu'lɔ pri'ɛmno z 'wamɨ pozna'jɔmɨtɨsʲa.]

Heureux /Heureuse/ d'avoir
parlé avec vous.

**Було приємно з вами
поспілкуватися.**
[bu'lɔ pri'ɛmno z 'wami
pospilku'watisʲa.]

Merci pour tout.

Дякую за все.
['dʲakuʲu za wsɛ.]

Je me suis vraiment amusé /amusée/

Я чудово провів /провела/ час.
[ja ʧu'dɔwo pro'wiw /prowɛ'la/ ʧas.]

Nous nous sommes vraiment
amusés /amusées/

Ми чудово провели час.
[mɨ ʧu'dɔwo prowɛ'li ʧas.]

C'était vraiment plaisant.

Все було чудово.
[wsɛ bu'lɔ ʧu'dɔwo.]

Vous allez me manquer.

Я буду сумувати.
[ja 'budu sumu'wati.]

Vous allez nous manquer.

Ми будемо сумувати.
[mɨ 'budɛmo sumu'wati.]

Bonne chance!

Успіхів! Щасливо!
['uspihiw! ɕas'lɨwo!]

Mes salutations à ...

Передавайте вітання ...
[pɛrɛda'wajtɛ wi'tanʲa ...]

Une langue étrangère

Je ne comprends pas.	**Я не розумію.** [ja nɛ rozu'mi^ju.]
Écrivez-le, s'il vous plaît.	**Напишіть це, будь ласка.** [napi'ʃit^j tsɛ, bud^j 'laska.]
Parlez-vous ...?	**Ви знаєте ...?** [wɨ 'znaɛtɛ ...?]
Je parle un peu ...	**Я трохи знаю ...** [ja 'trɔhɨ zna^ju ...]
anglais	**англійська** [anɦ'lijs^jka]
turc	**турецька** [tu'rɛtska]
arabe	**арабська** [a'rabs^jka]
français	**французька** [fran'tsuz^jka]
allemand	**німецька** [ni'mɛtska]
italien	**італійська** [ita'lijs^jka]
espagnol	**іспанська** [is'pans^jka]
portugais	**португальська** [portu'ɦal^js^jka]
chinois	**китайська** [kɨ'tajs^jka]
japonais	**японська** [ja'pɔns^jka]
Pouvez-vous le répéter, s'il vous plaît.	**Повторіть, будь ласка.** [powto'rit^j, bud^j 'laska.]
Je comprends.	**Я розумію.** [ja rozu'mi^ju.]
Je ne comprends pas.	**Я не розумію.** [ja nɛ rozu'mi^ju.]
Parlez plus lentement, s'il vous plaît.	**Говоріть повільніше, будь ласка.** [ɦowo'rit^j po'wil^jniʃɛ, 'bud^j 'laska.]
Est-ce que c'est correct?	**Це правильно?** [tsɛ 'prawɨl^jno?]
Qu'est-ce que c'est?	**Що це?** [ɕo 'tsɛ?]

Les excuses

Excusez-moi, s'il vous plaît.

Вибачте, будь ласка.
['wɨbatʃtɛ, budʲ 'laska.]

Je suis désolé /désolée/

Мені шкода.
[mɛ'ni 'ʃkɔda.]

Je suis vraiment /désolée/

Мені дуже шкода.
[mɛ'ni 'duʒɛ 'ʃkɔda.]

Désolé /Désolée/, c'est ma faute.

Винен /Винна/, це моя вина.
['wɨnɛn /'wɨna/ , ʦɛ mo'ʲa wɨ'na.]

Au temps pour moi.

Моя помилка.
[mo'ʲa po'mɨlka.]

Puis-je ... ?

Чи можу я ...?
[ʧi 'mɔʒu ja ...?]

Ça vous dérange si je ...?

Ви не заперечуватимете, якщо я ...?
[wɨ nɛ zapɛ'rɛʧuwatɨmɛtɛ, jak'ɕɔ ja ...?]

Ce n'est pas grave.

Нічого страшного.
[ni'ʧɔho straʃ'nɔho.]

Ça va.

Все гаразд.
[wsɛ ɦa'razd.]

Ne vous inquiétez pas.

Не турбуйтесь.
[nɛ tur'bujtɛsʲ.]

Les accords

Oui	**Так.** [tak.]
Oui, bien sûr.	**Так, звичайно.** [tak, zwɨ'ʧajno.]
Bien.	**Добре!** ['dɔbrɛ!]
Très bien.	**Дуже добре.** ['duʒɛ 'dɔbrɛ.]
Bien sûr!	**Звичайно!** [zwɨ'ʧajno!]
Je suis d'accord.	**Я згідний /згідна/.** [ja 'zɦidnɨj /'zɦidna/.]
C'est correct.	**Вірно.** ['wirno.]
C'est exact.	**Правильно.** ['prawɨlʲno.]
Vous avez raison.	**Ви праві.** [wɨ pra'wi.]
Je ne suis pas contre.	**Я не заперечую.** [ja nɛ zapɛ'rɛʧuʲu.]
Tout à fait correct.	**Абсолютно вірно.** [abso'lʲutno 'wirno.]
C'est possible.	**Це можливо.** [ʦɛ moʒ'lɨwo.]
C'est une bonne idée.	**Це гарна думка.** [ʦɛ 'ɦarna 'dumka.]
Je ne peux pas dire non.	**Не можу відмовити.** [nɛ 'mɔʒu wid'mɔwɨti.]
J'en serai ravi /ravie/	**Буду радий /рада/.** ['budu 'radɨj /'rada/.]
Avec plaisir.	**Із задоволенням.** [iz zado'wɔlɛnjam.]

Refus, exprimer le doute

Non	**Ні.** [ni.]
Absolument pas.	**Звичайно, ні.** [zwɨ'ʧajno, ni.]
Je ne suis pas d'accord.	**Я не згідний /згідна/.** [ja nɛ 'zɦidnij /'zɦidna/.]
Je ne le crois pas.	**Я так не думаю.** [ja tak nɛ 'dumaʲu.]
Ce n'est pas vrai.	**Це неправда.** [ʦɛ nɛ'prawda.]
Vous avez tort.	**Ви неправі.** [wɨ nɛpra'wi.]
Je pense que vous avez tort.	**Я думаю, що ви неправі.** [ja 'dumaʲu, ɕo wɨ nɛpra'wi.]
Je ne suis pas sûr /sûre/	**Не впевнений /впевнена/.** [nɛ 'wpɛwnɛnij /'wpɛwnɛna/.]
C'est impossible.	**Це неможливо.** [ʦɛ nɛmoʒ'liwo.]
Pas du tout!	**Нічого подібного!** [ni'ʧoɦo po'dibnoɦo!]
Au contraire!	**Навпаки!** [nawpa'kɨ!]
Je suis contre.	**Я проти.** [ja 'prɔti.]
Ça m'est égal.	**Мені все одно.** [mɛ'ni wsɛ od'nɔ.]
Je n'ai aucune idée.	**Гадки не маю.** ['ɦadkɨ nɛ 'maʲu.]
Je doute que cela soit ainsi.	**Сумніваюся, що це так.** [sumni'waʲusʲa, ɕo ʦɛ tak.]
Désolé /Désolée/, je ne peux pas.	**Вибачте, я не можу.** ['wɨbaʧtɛ, ja nɛ 'mɔʒu.]
Désolé /Désolée/, je ne veux pas.	**Вибачте, я не хочу.** ['wɨbaʧtɛ, ja nɛ 'hɔʧu.]
Merci, mais ça ne m'intéresse pas.	**Дякую, мені це не потрібно.** ['dʲakuʲu, mɛ'ni ʦɛ nɛ pot'ribno.]
Il se fait tard.	**Вже пізно.** [wʒɛ 'pizno.]

Je dois me lever tôt.

Мені рано вставати.
[mɛ'ni 'rano wsta'watɨ.]

Je ne me sens pas bien.

Я погано себе почуваю.
[ja po'ɦano sɛ'bɛ potʃu'waʲu.]

Exprimer la gratitude

Merci.   **Дякую.**
['dʲakuʲu.]

Merci beaucoup.   **Дуже дякую.**
['duʒɛ 'dʲakuʲu.]

Je l'apprécie beaucoup.   **Дуже вдячний /вдячна/.**
['duʒɛ 'wdʲatʃnij /'wdʲatʃna/.]

Je vous suis très reconnaissant.   **Я вам вдячний /вдячна/.**
[ja wam 'wdʲatʃnij /'wdʲatʃna/.]

Nous vous sommes très reconnaissant.   **Ми Вам вдячні.**
[mɨ wam 'wdʲatʃni.]

Merci pour votre temps.   **Дякую, що витратили час.**
['dʲakuʲu, ɕo 'witratili tʃas.]

Merci pour tout.   **Дякую за все.**
['dʲakuʲu za wsɛ.]

Merci pour ...   **Дякую за ...**
['dʲakuʲu za ...]

votre aide   **вашу допомогу**
['waʃu dopo'mɔɦu]

les bons moments passés   **гарний час**
['ɦarnij tʃas]

un repas merveilleux   **чудову їжу**
[tʃu'dɔwu 'iʒu]

cette agréable soirée   **приємний вечір**
[pri'ɛmnij 'wɛtʃir]

cette merveilleuse journée   **чудовий день**
[tʃu'dɔwij dɛnʲ]

une excursion extraordinaire   **цікаву екскурсію**
[tsi'kawu ɛks'kursiʲu]

Il n'y a pas de quoi.   **Нема за що.**
[nɛ'ma za ɕo.]

Vous êtes les bienvenus.   **Не варто дякувати.**
[nɛ 'warto 'dʲakuwati.]

Mon plaisir.   **Завжди будь ласка.**
[za'wʒdi budʲ 'laska.]

J'ai été heureux /heureuse/ de vous aider.   **Був радий /Була рада/ допомогти.**
[buw 'radij /bu'la 'rada/ dopomoɦ'ti.]

Ça va. N'y pensez plus.   **Забудьте. Все гаразд.**
[za'budʲtɛ wsɛ ɦa'razd.]

Ne vous inquiétez pas.   **Не турбуйтесь.**
[nɛ tur'bujtɛsʲ.]

Félicitations. Vœux de fête

Félicitations!
Вітаю!
[wi'ta'u!]

Joyeux anniversaire!
З Днем народження!
[z dnεm na'rɔdʒεn'a!]

Joyeux Noël!
Веселого Різдва!
[wε'sεloɦo rizd'wa!]

Bonne Année!
З Новим роком!
[z no'wim 'rɔkom!]

Joyeuses Pâques!
Зі Світлим Великоднем!
[zi 'switlim wε'likodnεm!]

Joyeux Hanoukka!
Щасливої Хануки!
[ɕas'liwoi ɦa'nukɨ!]

Je voudrais proposer un toast.
У мене є тост.
[u 'mεnε ε tost.]

Santé!
За ваше здоров'я!
[za 'waʃε zdo'rɔw'ʲa]

Buvons à ...!
Вип'ємо за ...!
['wip'εmo za ...!]

À notre succès!
За наш успіх!
[za naʃ 'uspih!]

À votre succès!
За ваш успіх!
[za waʃ 'uspih!]

Bonne chance!
Успіхів!
['uspihiw!]

Bonne journée!
Гарного вам дня!
['ɦarnoɦo wam dn'a!]

Passez de bonnes vacances !
Гарного вам відпочинку!
['ɦarnoɦo wam widpo'ʧinku!]

Bon voyage!
Вдалої поїздки!
['wdaloi po'izdkɨ!]

Rétablissez-vous vite.
Бажаю вам швидкого одужання!
[ba'ʒa'u wam ʃwɨd'kɔɦo o'duʒan'a!]

Socialiser

Pourquoi êtes-vous si triste?	**Чому ви засмучені?** [tʃo'mu wɨ zas'mutʃɛni?]
Souriez!	**Посміхніться!** [posmih'nitʲsʲa!]
Êtes-vous libre ce soir?	**Ви не зайняті сьогодні ввечері?** [wɨ nɛ 'zajnʲati sʲo'ɦodni 'wwɛtʃɛri?]
Puis-je vous offrir un verre?	**Чи можу я запропонувати вам випити?** [tʃɨ 'mɔʒu ja zaproponu'wati wam 'wɨpɨti?]
Voulez-vous danser?	**Чи не хочете потанцювати?** [tʃɨ nɛ 'hotʃɛtɛ potantsʲu'wati?]
Et si on va au cinéma?	**Може сходимо в кіно?** ['mɔʒɛ 'shɔdɨmo w ki'nɔ?]
Puis-je vous inviter ...	**Чи можна запросити вас в ...?** [tʃɨ 'mɔʒna zapro'sɨtɨ was w ...?]
au restaurant	**ресторан** [rɛsto'ran]
au cinéma	**кіно** [ki'nɔ]
au théâtre	**театр** [tɛ'atr]
pour une promenade	**на прогулянку** [na pro'ɦulʲanku]
À quelle heure?	**О котрій?** [o kot'rij?]
ce soir	**сьогодні ввечері** [sʲo'ɦodni 'wwɛtʃɛri]
à six heures	**о 6 годині** [o 'ʃostij ɦo'dɨni]
à sept heures	**о 7 годині** [o 'sʲɔmij ɦo'dɨni]
à huit heures	**о 8 годині** [o 'wɔsʲmij ɦo'dɨni]
à neuf heures	**о 9 годині** [o dɛ'wʲʲatij ɦo'dɨni]
Est-ce que vous aimez cet endroit?	**Вам тут подобається?** [wam tut po'dɔbaɛtʲsʲa?]
Êtes-vous ici avec quelqu'un?	**Ви тут з кимось?** [wɨ tut z 'kɨmosʲ?]

Je suis avec mon ami.

Я з другом /подругою/.
[ja z 'druɦom /'pɔdruɦoʲu/.]

Je suis avec mes amis.

Я з друзями.
[ja z 'druzʲamɨ.]

Non, je suis seul /seule/

Я один /одна/.
[ja o'dɨn /od'na/.]

As-tu un copain?

У тебе є приятель?
[u 'tɛbɛ ɛ 'prijatɛlʲ?]

J'ai un copain.

У мене є друг.
[u 'mɛnɛ ɛ druɦ.]

As-tu une copine?

У тебе є подружка?
[u 'tɛbɛ ɛ 'pɔdruʒka?]

J'ai une copine.

У мене є дівчина.
[u 'mɛnɛ ɛ 'diwtʃina.]

Est-ce que je peux te revoir?

Ми ще зустрінемося?
[mɨ ɕɛ zu'strinɛmosʲa?]

Est-ce que je peux t'appeler?

Чи можна тобі подзвонити?
[tʃɨ 'mɔʒna to'bi zatɛlɛfonu'watɨ?]

Appelle-moi.

Подзвони мені.
[podzwo'nɨ mɛ'ni.]

Quel est ton numéro?

Який у тебе номер?
[ja'kɨj u 'tɛbɛ 'nomɛr?]

Tu me manques.

Я сумую за тобою.
[ja su'muju za to'bɔʲu.]

Vous avez un très beau nom.

У вас дуже гарне ім'я.
[u was 'duʒɛ 'ɦarnɛ i'mʲʲa.]

Je t'aime.

Я тебе кохаю.
[ja tɛbɛ ko'haʲu.]

Veux-tu te marier avec moi?

Виходь за мене.
[wɨ'hɔdʲ za 'mɛnɛ.]

Vous plaisantez!

Ви жартуєте!
[wɨ ʒar'tuɛtɛ!]

Je plaisante.

Я просто жартую.
[ja 'prɔsto ʒar'tuʲu.]

Êtes-vous sérieux /sérieuse/?

Ви серйозно?
[wɨ sɛrʲjɔzno?]

Je suis sérieux /sérieuse/

Я серйозно.
[ja sɛrʲjɔzno.]

Vraiment?!

Справді?!
['sprawdi?!]

C'est incroyable!

Це неймовірно!
[ʦɛ nɛjmo'wirno]

Je ne vous crois pas.

Я вам не вірю.
[ja wam nɛ 'wirʲu.]

Je ne peux pas.

Я не можу.
[ja nɛ 'mɔʒu.]

Je ne sais pas.

Я не знаю.
[ja nɛ 'znaʲu.]

Je ne vous comprends pas

Я вас не розумію.
[ja was nɛ rozu'mi'u.]

Laissez-moi! Allez-vous-en!

Ідіть, будь ласка.
[i'dit', bud' 'laska.]

Laissez-moi tranquille!

Залиште мене в спокої!
[za'liʃtɛ mɛ'nɛ w 'spɔkoi!]

Je ne le supporte pas.

Я його терпіти не можу.
[ja 'o'hɔ tɛr'piti nɛ 'mɔʒu.]

Vous êtes dégoûtant!

Ви огидні!
[wɨ o'ɦidni!]

Je vais appeler la police!

Я викличу поліцію!
[ja 'wiklitʃu po'litsi'u!]

Partager des impressions. Émotions

J'aime ça.	**Мені це подобається.** [mɛ'ni ʦɛ po'dɔbaɛtʲsʲa.]
C'est gentil.	**Дуже мило.** ['duʒɛ 'mɨlo.]
C'est super!	**Це чудово!** [ʦɛ ʧu'dɔwo!]
C'est assez bien.	**Це непогано.** [ʦɛ nɛpo'ɦano.]
Je n'aime pas ça.	**Мені це не подобається.** [mɛ'ni ʦɛ nɛ po'dɔbaɛtʲsʲa.]
Ce n'est pas bien.	**Це недобре.** [ʦɛ nɛ'dɔbrɛ.]
C'est mauvais.	**Це погано.** [ʦɛ po'ɦano.]
Ce n'est pas bien du tout.	**Це дуже погано.** [ʦɛ 'duʒɛ po'ɦano.]
C'est dégoûtant.	**Це огидно.** [ʦɛ o'ɦɨdno.]
Je suis content /contente/	**Я щасливий /щаслива/.** [ja ɕas'lɨwɨj /ɕas'lɨwa/.]
Je suis heureux /heureuse/	**Я задоволений /задоволена/.** [ja zado'wɔlɛnɨj /zado'wɔlɛna/.]
Je suis amoureux /amoureuse/	**Я закоханий /закохана/.** [ja za'kɔhanɨj /za'kɔhana/.]
Je suis calme.	**Я спокійний /спокійна/.** [ja spo'kijnɨj /spo'kijna/.]
Je m'ennuie.	**Мені нудно.** [mɛ'ni 'nudno.]
Je suis fatigué /fatiguée/	**Я втомився /втомилася/.** [ja wto'mɨwsʲa /wto'mɨlasʲa/.]
Je suis triste.	**Мені сумно.** [mɛ'ni 'sumno.]
J'ai peur.	**Я наляканий /налякана/.** [ja na'lʲakanɨj /na'lʲakana/.]
Je suis fâché /fâchée/	**Я злюся.** [ja 'zlʲusʲa.]
Je suis inquiet /inquiète/	**Я хвилююся.** [ja hwɨ'lʲuʲusʲa.]
Je suis nerveux /nerveuse/	**Я нервую.** [ja nɛr'wuʲu.]

Je suis jaloux /jalouse/

Я заздрю.
[ja 'zazdrʲu.]

Je suis surpris /surprise/

Я здивований /здивована/.
[ja zdi'wɔwanij /zdi'wɔwana/.]

Je suis gêné /gênée/

Я спантеличений /спантеличена/.
[ja spantɛ'litʃɛnij /spantɛ'litʃɛna/.]

Problèmes. Accidents

J'ai un problème.	**В мене проблема.** [w 'mɛnɛ prob'lɛma.]
Nous avons un problème.	**У нас проблема.** [u nas prob'lɛma.]
Je suis perdu /perdue/	**Я заблукав /заблукала/.** [ja zablu'kaw /zablu'kala/.]
J'ai manqué le dernier bus (train).	**Я запізнився на останній автобус (поїзд).** [ja zapiz'niwsʲa na os'tanij aw'tɔbus ('pɔizd).]
Je n'ai plus d'argent.	**У мене зовсім не залишилося грошей.** [u 'mɛnɛ 'zɔwsim nɛ za'liʲʃilosʲa 'ɦrɔʃɛj.]

J'ai perdu mon ...	**Я загубив /загубила/ ...** [ja zaɦu'biw /zaɦu'bila/ ...]
On m'a volé mon ...	**В мене вкрали ...** [w 'mɛnɛ 'wkrali ...]
passeport	**паспорт** ['pasport]
portefeuille	**гаманець** [ɦama'nɛts]
papiers	**документи** [doku'mɛnti]
billet	**квиток** [kwi'tɔk]
argent	**гроші** ['ɦrɔʃi]
sac à main	**сумку** ['sumku]
appareil photo	**фотоапарат** [fotoapa'rat]
portable	**ноутбук** [nout'buk]
ma tablette	**планшет** [plan'ʃɛt]
mobile	**телефон** [tɛlɛ'fon]

Au secours!	**Допоможіть!** [dopomo'ʒitʲ]
Qu'est-il arrivé?	**Що трапилося?** [ɕo 'trapilosʲa?]

un incendie	**пожежа** [po'ʒɛʒa]
des coups de feu	**стрілянина** [strilʲa'nɨna]
un meurtre	**вбивство** ['wbɨwstwo]
une explosion	**вибух** ['wɨbuh]
une bagarre	**бійка** ['bijka]

Appelez la police!	**Викличте поліцію!** ['wɨklɨtʃtɛ po'litsʲiʲu!]
Dépêchez-vous, s'il vous plaît!	**Будь ласка, швидше!** [budʲ 'laska, 'ʃwɨdʃɛ!]
Je cherche le commissariat de police.	**Я шукаю поліцейську дільницю.** [ja ʃu'kaʲu poli'tsɛjsʲku dilʲ'nɨtsʲu.]
Il me faut faire un appel.	**Мені треба зателефонувати.** [mɛ'ni 'trɛba zatɛlɛfonu'watɨ.]
Puis-je utiliser votre téléphone?	**Чи можна мені зателефонувати?** [tʃɨ 'moʒna mɛ'ni zatɛlɛfonu'watɨ?]

J'ai été …	**Мене ...** [mɛ'nɛ …]
agressé /agressée/	**пограбували** [poɦrabu'walɨ]
volé /volée/	**обікрали** [obi'kralɨ]
violée	**зґвалтували** [zgwaltu'walɨ]
attaqué /attaquée/	**побили** [po'bɨlɨ]

Est-ce que ça va?	**З вами все гаразд?** [z 'wamɨ wsɛ ɦa'razd?]
Avez-vous vu qui c'était?	**Ви бачили, хто це був?** [wɨ 'batʃɨlɨ, hto tsɛ buw?]
Pourriez-vous reconnaître cette personne?	**Ви зможете його впізнати?** [wɨ 'zmoʒɛtɛ ʲo'ɦo wpiz'natɨ?]
Vous êtes sûr?	**Ви точно впевнені?** [wɨ 'totʃno 'wpɛwnɛni?]

Calmez-vous, s'il vous plaît.	**Будь ласка, заспокойтеся.** [budʲ 'laska, zaspo'kojtɛsʲa.]
Calmez-vous!	**Спокійніше!** [spokij'niʃɛ!]
Ne vous inquiétez pas.	**Не турбуйтесь.** [nɛ tur'bujtɛsʲ.]
Tout ira bien.	**Все буде добре.** [wsɛ 'budɛ 'dobrɛ.]
Ça va. Tout va bien.	**Все гаразд.** [wsɛ ɦa'razd.]

Venez ici, s'il vous plaît.	**Підійдіть, будь ласка.** [pidij'ditʲ, budʲ 'laska.]
J'ai des questions à vous poser.	**У мене до вас кілька запитань.** [u 'mɛnɛ do was 'kilʲka zapʲi'tanʲ.]
Attendez un moment, s'il vous plaît.	**Зачекайте, будь ласка.** [zatʃɛ'kajtɛ, budʲ 'laska.]
Avez-vous une carte d'identité?	**У вас є документи?** [u was 'ɛ doku'mɛnti?]
Merci. Vous pouvez partir maintenant.	**Дякую. Ви можете йти.** ['dʲakuʲu. wɨ 'mɔʒɛtɛ jtɨ.]
Les mains derrière la tête!	**Руки за голову!** ['rukɨ za 'ɦɔlowu!]
Vous êtes arrêté!	**Ви заарештовані!** [wɨ zaarɛʃ'tɔwani!]

Problèmes de santé

Aidez-moi, s'il vous plaît.
Допоможіть, будь ласка.
[dopomo'ʒitʲ, budʲ 'laska.]

Je ne me sens pas bien.
Мені погано.
[mɛ'ni po'ɦano.]

Mon mari ne se sent pas bien.
Моєму чоловікові погано.
[mo'ɛmu ʧolo'wikowi po'ɦano.]

Mon fils ...
Моєму сину ...
[mo'ɛmu 'sinu ...]

Mon père ...
Моєму батькові ...
[mo'ɛmu 'batʲkowi ...]

Ma femme ne se sent pas bien.
Моїй дружині погано.
[mo'ij dru'ʒini po'ɦano.]

Ma fille ...
Моїй дочці ...
[mo'ij doʧʲʦi ...]

Ma mère ...
Моїй матері ...
[mo'ij 'matɛri ...]

J'ai mal ...
У мене болить ...
[u 'mɛnɛ bo'litʲ ...]

à la tête
голова
[ɦolo'wa]

à la gorge
горло
['ɦɔrlo]

à l'estomac
живіт
[ʒi'wit]

aux dents
зуб
[zub]

J'ai le vertige.
У мене паморочиться голова.
[u 'mɛnɛ 'pamoroʧitʲsʲa ɦolo'wa.]

Il a de la fièvre.
У нього температура.
[u 'nʲɔɦo tɛmpɛra'tura.]

Elle a de la fièvre.
У неї температура.
[u nɛi tɛmpɛra'tura.]

Je ne peux pas respirer.
Я не можу дихати.
[ja nɛ 'mɔʒu 'dihati.]

J'ai du mal à respirer.
Я задихаюсь.
[ja zadi'haʲusʲ.]

Je suis asthmatique.
Я астматик.
[ja ast'matik.]

Je suis diabétique.
Я діабетик.
[ja dia'bɛtik.]

| Je ne peux pas dormir. | В мене безсоння.
[w 'mɛnɛ bɛz'sɔnʲa.] |
| intoxication alimentaire | харчове отруєння
[hartʃoʲwɛ otˈruɛnʲa] |

Ça fait mal ici.	Болить ось тут. [boˈlitʲ osʲ tut.]
Aidez-moi!	Допоможіть! [dopomoˈʒitʲ!]
Je suis ici!	Я тут! [ja tut!]
Nous sommes ici!	Ми тут! [mɨ tut!]
Sortez-moi d'ici!	Витягніть мене! ['witʲaɦnitʲ mɛ'nɛ!]
J'ai besoin d'un docteur.	Мені потрібен лікар. [mɛ'ni poˈtribɛn 'likar.]
Je ne peux pas bouger!	Я не можу рухатися. [ja nɛ 'mɔʒu 'ruhatisʲa.]
Je ne peux pas bouger mes jambes.	Я не відчуваю ніг. [ja nɛ widtʃuˈwaʲu niɦ.]

Je suis blessé /blessée/	Я поранений /поранена/. [ja poˈranɛnij /poˈranena/.]
Est-ce que c'est sérieux?	Це серйозно? [tsɛ sɛrˈjɔzno?]
Mes papiers sont dans ma poche.	Мої документи в кишені. [moˈi dokuˈmɛnti w kiʲʃɛni.]
Calmez-vous!	Заспокойтеся! [zaspoˈkɔjtɛsʲa!]
Puis-je utiliser votre téléphone?	Чи можна мені зателефонувати? [tʃi 'mɔʒna mɛ'ni zatɛlɛfonuˈwati?]

Appelez une ambulance!	Викличте швидку! ['wɨklitʃtɛ ʃwɨdˈku!]
C'est urgent!	Це терміново! [tsɛ tɛrmiˈnɔwo!]
C'est une urgence!	Це дуже терміново! [tsɛ 'duʒɛ tɛrmiˈnɔwo!]
Dépêchez-vous, s'il vous plaît!	Будь ласка, швидше! [budʲ 'laska, 'ʃwɨdʃɛ!]
Appelez le docteur, s'il vous plaît.	Викличте лікаря, будь ласка. ['wɨklitʃtɛ 'likarʲa, budʲ 'laska.]
Où est l'hôpital?	Скажіть, де лікарня? [skaˈʒitʲ, dɛ liˈkarnʲa?]

Comment vous sentez-vous?	Як ви себе почуваєте? [jak wɨ sɛ'bɛ potʃuˈwaɛtɛ?]
Est-ce que ça va?	З вами все гаразд? [z 'wamɨ wsɛ ɦaˈrazd?]
Qu'est-il arrivé?	Що трапилося? [ɕo 'trapɨlosʲa?]

Je me sens mieux maintenant.

Мені вже краще.
[mɛ'ni wʒɛ 'kraçɛ.]

Ça va. Tout va bien.

Все гаразд.
[wsɛ ɦa'razd.]

Ça va.

Все добре.
[wsɛ 'dɔbrɛ.]

À la pharmacie

pharmacie	**аптека** [ap'tɛka]
pharmacie 24 heures	**цілодобова аптека** [ʦilodo'bɔwa ap'tɛka]
Où se trouve la pharmacie la plus proche?	**Де найближча аптека?** [dɛ najb'liʒʧa ap'tɛka?]
Est-elle ouverte en ce moment?	**Вона зараз відкрита?** [wo'na 'zaraz wid'krita?]
À quelle heure ouvre-t-elle?	**О котрій вона відкривається?** [o kot'rij wo'na widkri'waɛtʲsʲa?]
à quelle heure ferme-t-elle?	**До котрої години вона працює?** [do ko'trɔi ɦo'dini wo'na pra'ʦʲuɛ?]
C'est loin?	**Це далеко?** [ʦɛ da'lɛko?]
Est-ce que je peux y aller à pied?	**Я дійду туди пішки?** [ja dij'du tu'di 'piʃki?]
Pouvez-vous me le montrer sur la carte?	**Покажіть мені на карті, будь ласка.** [poka'ʒitʲ mɛ'ni na 'karti, budʲ 'laska.]
Pouvez-vous me donner quelque chose contre ...	**Дайте мені, що-небудь від ...** ['dajtɛ mɛ'ni, ɕo-'nɛbudʲ wid ...]
le mal de tête	**головного болю** [ɦolow'nɔɦo 'bɔlʲu]
la toux	**кашлю** ['kaʃlʲu]
le rhume	**застуди** [za'studi]
la grippe	**грипу** ['ɦripu]
la fièvre	**температури** [tɛmpɛra'turi]
un mal d'estomac	**болю в шлунку** ['bɔlʲu w 'ʃlunku]
la nausée	**нудоти** [nu'dɔti]
la diarrhée	**діареї** [dia'rɛi]
la constipation	**запору** [za'pɔru]
un mal de dos	**біль у спині** ['bilʲ u spi'ni]

les douleurs de poitrine	**біль у грудях** ['bilʲ u 'ɦrudʲah]
les points de côté	**біль у боці** ['bilʲ u 'bɔtsi]
les douleurs abdominales	**біль в животі** ['bilʲ w ʒɨwo'ti]

une pilule	**таблетка** [tab'lɛtka]
un onguent, une crème	**мазь, крем** [mazʲ, krɛm]
un sirop	**сироп** [sɨ'rɔp]
un spray	**спрей** ['sprɛj]
les gouttes	**краплі** ['krapli]

Vous devez allez à l'hôpital.	**Вам потрібно в лікарню.** [wam po'tribno w li'karnʲu.]
assurance maladie	**страховка** [stra'hɔwka]
prescription	**рецепт** [rɛ'tsɛpt]
produit anti-insecte	**засіб від комах** ['zasib wid ko'mah]
bandages adhésifs	**лейкопластир** [lɛjko'plastir]

Les essentiels

Excusez-moi, ...	**Вибачте, ...** ['wɪbatʃtɛ, ...]
Bonjour	**Добрий день.** ['dɔbrɪj dɛnʲ.]
Merci	**Дякую.** ['dʲakuʲu.]
Au revoir	**До побачення.** [do po'batʃɛnʲa.]
Oui	**Так.** [tak.]
Non	**Ні.** [ni.]
Je ne sais pas.	**Я не знаю.** [ja nɛ 'znaʲu.]
Où? | Où? | Quand?	**Де? | Куди? | Коли?** [dɛ? | ku'dɪ? | ko'lɪ?]
J'ai besoin de ...	**Мені потрібен ...** [mɛ'ni po'tribɛn ...]
Je veux ...	**Я хочу ...** [ja 'hɔtʃu ...]
Avez-vous ... ?	**У вас є ...?** [u was 'ɛ ...?]
Est-ce qu'il y a ... ici?	**Тут є ...?** [tut ɛ ...?]
Puis-je ... ?	**Чи можна мені ...?** [tʃɪ 'mɔʒna mɛ'ni ...?]
s'il vous plaît (pour une demande)	**Будь ласка** [budʲ 'laska]
Je cherche ...	**Я шукаю ...** [ja ʃu'kaʲu ...]
les toilettes	**туалет** [tua'lɛt]
un distributeur	**банкомат** [banko'mat]
une pharmacie	**аптеку** [ap'tɛku]
l'hôpital	**лікарню** [li'karnʲu]
le commissariat de police	**поліцейську дільницю** [poli'tsɛjsʲku dilʲ'nɪtsʲu]
une station de métro	**метро** [mɛt'rɔ]

un taxi	таксі
	[tak'si]
la gare	вокзал
	[wok'zal]

Je m'appelle …	Мене звуть …
	[mɛ'nɛ zwutʲ …]
Comment vous appelez-vous?	Як вас звуть?
	[jak was 'zwutʲ?]
Aidez-moi, s'il vous plaît.	Допоможіть мені, будь ласка.
	[dopomo'ʒitʲ mɛ'ni, budʲ 'laska.]
J'ai un problème.	У мене проблема.
	[u 'mɛnɛ prob'lɛma.]
Je ne me sens pas bien.	Мені погано.
	[mɛ'ni po'ɦano.]
Appelez une ambulance!	Викличте швидку!
	['wiklitʃtɛ ʃwid'ku!]
Puis-je faire un appel?	Чи можна мені зателефонувати?
	[tʃi 'moʒna mɛ'ni zatɛlɛfonu'wati?]

Excusez-moi.	Прошу вибачення
	['prɔʃu 'wibatʃɛnʲa]
Je vous en prie.	Прошу
	['prɔʃu]

je, moi	я
	[ja]
tu, toi	ти
	[ti]
il	він
	[win]
elle	вона
	[wo'na]
ils	вони
	[wo'ni]
elles	вони
	[wo'ni]
nous	ми
	[mi]
vous	ви
	[wi]
Vous	Ви
	[wi]

ENTRÉE	ВХІД
	[whid]
SORTIE	ВИХІД
	['wihid]
HORS SERVICE | EN PANNE	НЕ ПРАЦЮЄ
	[nɛ pra'tsʲuɛ]
FERMÉ	ЗАКРИТО
	[za'krito]

OUVERT

ВІДКРИТО
[wid'krɨto]

POUR LES FEMMES

ДЛЯ ЖІНОК
[dlʲa ʒi'nɔk]

POUR LES HOMMES

ДЛЯ ЧОЛОВІКІВ
[dlʲa tʃolowi'kiw]

MINI DICTIONNAIRE

Cette section contient
250 mots, utiles nécessaires
à la communication
quotidienne.
Vous y trouverez le nom
des mois et des jours.
Le dictionnaire contient
aussi des sujets aussi variés
que les couleurs, les unités
de mesure, la famille et plus

T&P Books Publishing

CONTENU DU DICTIONNAIRE

T&P Books Publishing

temps (m)	час (с)	[ʧas]
heure (f)	година (ж)	[ɦoˈdɨna]
demi-heure (f)	півгодини (мн)	[piwɦoˈdɨnɨ]
minute (f)	хвилина (ж)	[hwɨˈlɨna]
seconde (f)	секунда (ж)	[sɛˈkunda]
aujourd'hui (adv)	сьогодні	[sʲoˈɦodni]
demain (adv)	завтра	[ˈzawtra]
hier (adv)	вчора	[ˈwʧɔra]
lundi (m)	понеділок (ч)	[ponɛˈdilok]
mardi (m)	вівторок (ч)	[wiwˈtɔrok]
mercredi (m)	середа (ж)	[sɛrɛˈda]
jeudi (m)	четвер (ч)	[ʧɛtˈwɛr]
vendredi (m)	п'ятниця (ж)	[ˈpʲatnɨʦʲa]
samedi (m)	субота (ж)	[suˈbɔta]
dimanche (m)	неділя (ж)	[nɛˈdilʲa]
jour (m)	день (ч)	[dɛnʲ]
jour (m) ouvrable	робочий день (ч)	[roˈbɔʧɨj dɛnʲ]
jour (m) férié	святковий день (ч)	[swʲatˈkɔwɨj dɛnʲ]
week-end (m)	вихідні (мн)	[wɨhidˈni]
semaine (f)	тиждень (ч)	[ˈtɨʒdɛnʲ]
la semaine dernière	на минулому тижні	[na mɨˈnulomu ˈtɨʒni]
la semaine prochaine	на наступному тижні	[na naˈstupnomu ˈtɨʒni]
le matin	вранці	[ˈwranʦi]
dans l'après-midi	після обіду	[ˈpislʲa oˈbidu]
le soir	увечері	[uˈwɛʧɛri]
ce soir	сьогодні увечері	[sʲoˈɦodni uˈwɛʧɛri]
la nuit	уночі	[unoˈʧi]
minuit (f)	північ (ж)	[ˈpiwniʧ]
janvier (m)	січень (ч)	[ˈsiʧɛnʲ]
février (m)	лютий (ч)	[ˈlʲutɨj]
mars (m)	березень (ч)	[ˈbɛrɛzɛnʲ]
avril (m)	квітень (ч)	[ˈkwitɛnʲ]
mai (m)	травень (ч)	[ˈtrawɛnʲ]
juin (m)	червень (ч)	[ˈʧɛrwɛnʲ]
juillet (m)	липень (ч)	[ˈlɨpɛnʲ]
août (m)	серпень (ч)	[ˈsɛrpɛnʲ]

septembre (m)	**вересень** (ч)	['wɛrɛsɛnʲ]
octobre (m)	**жовтень** (ч)	['ʒɔwtɛnʲ]
novembre (m)	**листопад** (ч)	[listo'pad]
décembre (m)	**грудень** (ч)	['ɦrudɛnʲ]

au printemps	**навесні**	[nawɛs'ni]
en été	**влітку**	['wlitku]
en automne	**восени**	[wosɛ'ni]
en hiver	**взимку**	['wzimku]

mois (m)	**місяць** (ч)	['misʲats]
saison (f)	**сезон** (ч)	[sɛ'zɔn]
année (f)	**рік** (ч)	[rik]

2. Nombres. Adjectifs numéraux

zéro	**нуль**	[nulʲ]
un	**один**	[o'din]
deux	**два**	[dwa]
trois	**три**	[tri]
quatre	**чотири**	[tʃo'tiri]

cinq	**п'ять**	[pʲatʲ]
six	**шість**	[ʃistʲ]
sept	**сім**	[sim]
huit	**вісім**	['wisim]
neuf	**дев'ять**	['dɛwʲatʲ]
dix	**десять**	['dɛsʲatʲ]

onze	**одинадцять**	[odi'nadtsʲatʲ]
douze	**дванадцять**	[dwa'nadtsʲatʲ]
treize	**тринадцять**	[tri'nadtsʲatʲ]
quatorze	**чотирнадцять**	[tʃotir'nadtsʲatʲ]
quinze	**п'ятнадцять**	[pʲat'nadtsʲatʲ]

seize	**шістнадцять**	[ʃist'nadtsʲatʲ]
dix-sept	**сімнадцять**	[sim'nadtsʲatʲ]
dix-huit	**вісімнадцять**	[wisim'nadtsʲatʲ]
dix-neuf	**дев'ятнадцять**	[dɛwʲat'nadtsʲatʲ]

vingt	**двадцять**	['dwadtsʲatʲ]
trente	**тридцять**	['tridtsʲatʲ]
quarante	**сорок**	['sɔrok]
cinquante	**п'ятдесят**	[pʲatdɛ'sʲat]

soixante	**шістдесят**	[ʃizdɛ'sʲat]
soixante-dix	**сімдесят**	[simdɛ'sʲat]
quatre-vingts	**вісімдесят**	[wisimdɛ'sʲat]
quatre-vingt-dix	**дев'яносто**	[dɛwʲa'nɔsto]
cent	**сто**	[sto]

deux cents	двісті	['dwisti]
trois cents	триста	['trista]
quatre cents	чотириста	[tʃo'tirista]
cinq cents	п'ятсот	[pʲa'tsɔt]

six cents	шістсот	[ʃist'sɔt]
sept cents	сімсот	[sim'sɔt]
huit cents	вісімсот	[wisim'sɔt]
neuf cents	дев'ятсот	[dɛwʲa'tsɔt]
mille	тисяча	['tisʲatʃa]

| dix mille | десять тисяч | ['dɛsʲatʲ 'tisʲatʃ] |
| cent mille | сто тисяч | [sto 'tisʲatʃ] |

| million (m) | мільйон (ч) | [milʲ'jɔn] |
| milliard (m) | мільярд (ч) | [mi'ljard] |

3. L'être humain. La famille

homme (m)	чоловік (ч)	[tʃolo'wik]
jeune homme (m)	юнак (ч)	[ʲu'nak]
femme (f)	жінка (ж)	['ʒinka]
jeune fille (f)	дівчина (ж)	['diwtʃina]
vieillard (m)	старий (ч)	[sta'rij]
vieille femme (f)	стара (ж)	[sta'ra]

mère (f)	мати (ж)	['matiʲ]
père (m)	батько (ч)	['batʲko]
fils (m)	син (ч)	[sɨn]
fille (f)	дочка (ж)	[dotʃ'ka]
frère (m)	брат (ч)	[brat]
sœur (f)	сестра (ж)	[sɛst'ra]

parents (m pl)	батьки (мн)	[batʲ'kɨ]
enfant (m, f)	дитина (ж)	[dɨ'tina]
enfants (pl)	діти (мн)	['diti]
belle-mère (f)	мачуха (ж)	['matʃuha]
beau-père (m)	вітчим (ч)	['witʃim]

grand-mère (f)	бабуся (ж)	[ba'busʲa]
grand-père (m)	дід (ч)	['did]
petit-fils (m)	онук (ч)	[o'nuk]
petite-fille (f)	онука (ж)	[o'nuka]
petits-enfants (pl)	онуки (мн)	[o'nukɨ]

oncle (m)	дядько (ч)	['dʲadʲko]
tante (f)	тітка (ж)	['titka]
neveu (m)	племінник (ч)	[plɛ'minɨk]
nièce (f)	племінниця (ж)	[plɛ'minɨtsʲa]
femme (f)	дружина (ж)	[dru'ʒɨna]

mari (m)	чоловік (ч)	[ʧolo'wik]
marié (adj)	одружений	[od'ruʒɛnij]
mariée (adj)	заміжня	[za'miʒnʲa]
veuve (f)	вдова (ж)	[wdo'wa]
veuf (m)	вдівець (ч)	[wdi'wɛʦ]
prénom (m)	ім'я (с)	[i'mʲʲa]
nom (m) de famille	прізвище (с)	['prizwiçɛ]
parent (m)	родич (ч)	['rɔdiʧ]
ami (m)	товариш (ч)	[to'wariʃ]
amitié (f)	дружба (ж)	['druʒba]
partenaire (m)	партнер (ч)	[part'nɛr]
supérieur (m)	начальник (ч)	[na'ʧalʲnik]
collègue (m, f)	колега (ч)	[ko'lɛɦa]
voisins (m pl)	сусіди (мн)	[su'sidi]

4. Le corps humain. L'anatomie

corps (m)	тіло (с)	['tilo]
cœur (m)	серце (с)	['sɛrʦɛ]
sang (m)	кров (ж)	[krow]
cerveau (m)	мозок (ч)	['mɔzok]
os (m)	кістка (ж)	['kistka]
colonne (f) vertébrale	хребет (ч)	[hrɛ'bɛt]
côte (f)	ребро (с)	[rɛb'rɔ]
poumons (m pl)	легені (мн)	[lɛ'ɦɛni]
peau (f)	шкіра (ж)	['ʃkira]
tête (f)	голова (ж)	[ɦolo'wa]
visage (m)	обличчя (с)	[ob'liʧʲa]
nez (m)	ніс (ч)	[nis]
front (m)	чоло (с)	[ʧo'lɔ]
joue (f)	щока (ж)	[ço'ka]
bouche (f)	рот (ч)	[rot]
langue (f)	язик (ч)	[ja'zik]
dent (f)	зуб (ч)	[zub]
lèvres (f pl)	губи (мн)	['ɦubi]
menton (m)	підборіддя (с)	[pidbo'riddʲa]
oreille (f)	вухо (с)	['wuɦo]
cou (m)	шия (ж)	['ʃʲʲa]
œil (m)	око (с)	['ɔko]
pupille (f)	зіниця (ч)	[zi'niʦʲa]
sourcil (m)	брова (ж)	[bro'wa]
cil (m)	вія (ж)	['wiʲa]
cheveux (m pl)	волосся (с)	[wo'lɔssʲa]

coiffure (f)	зачіска (ж)	['zatʃiska]
moustache (f)	вуса (мн)	['wusa]
barbe (f)	борода (ж)	[boro'da]
porter (~ la barbe)	носити	[no'siti]
chauve (adj)	лисий	['lisij]

main (f)	кисть (ж)	[kistʲ]
bras (m)	рука (ж)	[ru'ka]
doigt (m)	палець (ч)	['palɛts]
ongle (m)	ніготь (ч)	['niɦotʲ]
paume (f)	долоня (ж)	[do'lɔnʲa]

épaule (f)	плече (с)	[plɛ'tʃɛ]
jambe (f)	гомілка (ж)	[ɦo'milka]
genou (m)	коліно (с)	[ko'lino]
talon (m)	п'ятка (ж)	['pʲʲatka]
dos (m)	спина (ж)	['spina]

5. Les vêtements. Les accessoires personnels

vêtement (m)	одяг (ч)	['ɔdʲaɦ]
manteau (m)	пальто (с)	[palʲ'tɔ]
manteau (m) de fourrure	шуба (ж)	['ʃuba]
veste (f) (~ en cuir)	куртка (ж)	['kurtka]
imperméable (m)	плащ (ч)	[plaɕ]

chemise (f)	сорочка (ж)	[so'rɔtʃka]
pantalon (m)	штани (мн)	[ʃta'ni]
veston (m)	піджак (ч)	[pi'dʒak]
complet (m)	костюм (ч)	[kos'tʲum]

robe (f)	сукня (ж)	['suknʲa]
jupe (f)	спідниця (ж)	[spid'nitsʲa]
tee-shirt (m)	футболка (ж)	[fut'bolka]
peignoir (m) de bain	халат (ч)	[ha'lat]
pyjama (m)	піжама (ж)	[pi'ʒama]
tenue (f) de travail	робочий одяг (ж)	[ro'bɔtʃij 'ɔdʲaɦ]

sous-vêtements (m pl)	білизна (ж)	[bi'lizna]
chaussettes (f pl)	шкарпетки (мн)	[ʃkar'pɛtki]
soutien-gorge (m)	бюстгальтер (ч)	[bʲust'ɦalʲtɛr]
collants (m pl)	колготки (мн)	[kol'ɦɔtki]
bas (m pl)	панчохи (мн)	[pan'tʃɔhi]
maillot (m) de bain	купальник (ч)	[ku'palʲnik]

chapeau (m)	шапка (ж)	['ʃapka]
chaussures (f pl)	взуття (с)	[wzut'tʲa]
bottes (f pl)	чоботи (мн)	['tʃɔboti]
talon (m)	каблук (ч)	[kab'luk]
lacet (m)	шнурок (ч)	[ʃnu'rɔk]

cirage (m)	крем (ч) для взуття	[krɛm dlʲa wzut'tʲa]
gants (m pl)	рукавички (мн)	[ruka'witʃki]
moufles (f pl)	рукавиці (мн)	[ruka'witsi]
écharpe (f)	шарф (ч)	[ʃarf]
lunettes (f pl)	окуляри (мн)	[oku'lʲari]
parapluie (m)	парасолька (ж)	[para'solʲka]

cravate (f)	краватка (ж)	[kra'watka]
mouchoir (m)	носовичок (ч)	[nosowi'tʃɔk]
peigne (m)	гребінець (ч)	[ɦrɛbi'nɛts]
brosse (f) à cheveux	щітка (ж) для волосся	['ɕitka dlʲa wo'lɔssʲa]

boucle (f)	пряжка (ж)	['prʲaʒka]
ceinture (f)	пасок (ч)	['pasok]
sac (m) à main	сумочка (ж)	['sumotʃka]

6. La maison. L'appartement

appartement (m)	квартира (ж)	[kwar'tira]
chambre (f)	кімната (ж)	[kim'nata]
chambre (f) à coucher	спальня (ж)	['spalʲnʲa]
salle (f) à manger	їдальня (ж)	['jidalʲnʲa]

salon (m)	вітальня (ж)	[wi'talʲnʲa]
bureau (m)	кабінет (ч)	[kabi'nɛt]
antichambre (f)	передпокій (ч)	[pɛrɛd'pokij]
salle (f) de bains	ванна кімната (ж)	['wana kim'nata]
toilettes (f pl)	туалет (ч)	[tua'lɛt]

aspirateur (m)	пилосос (ч)	[piło'sɔs]
balai (m) à franges	швабра (ж)	['ʃwabra]
torchon (m)	ганчірка (ж)	[ɦan'tʃirka]
balayette (f) de sorgho	віник (ч)	['winik]
pelle (f) à ordures	совок (ч) для сміття	[so'wɔk dlʲa smit'tʲa]

meubles (m pl)	меблі (мн)	['mɛbli]
table (f)	стіл (ч)	[stil]
chaise (f)	стілець (ч)	[sti'lɛts]
fauteuil (m)	крісло (с)	['krisło]

miroir (m)	дзеркало (с)	['dzɛrkało]
tapis (m)	килим (ч)	['kiłim]
cheminée (f)	камін (ч)	[ka'min]
rideaux (m pl)	штори (мн)	['ʃtori]
lampe (f) de table	настільна лампа (ж)	[na'stilʲna 'lampa]
lustre (m)	люстра (ж)	['lʲustra]

cuisine (f)	кухня (ж)	['kuhnʲa]
cuisinière (f) à gaz	плита (ж) газова	[plɨ'ta 'ɦazowa]
cuisinière (f) électrique	плита (ж) електрична	[plɨ'ta ɛlɛkt'ritʃna]

four (m) micro-ondes	мікрохвильова піч (ж)	[mikrohwɨlʲoʹwa pitʃ]
réfrigérateur (m)	холодильник (ч)	[holoʹdɨlʲnɨk]
congélateur (m)	морозильник (ч)	[moroʹzɨlʲnɨk]
lave-vaisselle (m)	посудомийна машина (ж)	[posudoʹmɨjna maʹʃɨna]
robinet (m)	кран (ч)	[kran]
hachoir (m) à viande	м'ясорубка (ж)	[mʲʔasoʹrubka]
centrifugeuse (f)	соковижималка (ж)	[sokowɨʒɨʹmalka]
grille-pain (m)	тостер (ч)	[ʹtɔstɛr]
batteur (m)	міксер (ч)	[ʹmiksɛr]
machine (f) à café	кавоварка (ж)	[kawoʹwarka]
bouilloire (f)	чайник (ч)	[ʹʧajnɨk]
théière (f)	заварник (ч)	[zaʹwarnɨk]
téléviseur (m)	телевізор (ч)	[tɛlɛʹwizor]
magnétoscope (m)	відеомагнітофон (ч)	[ʹwidɛo maɦnitoʹfɔn]
fer (m) à repasser	праска (ж)	[ʹpraska]
téléphone (m)	телефон (ч)	[tɛlɛʹfɔn]

www.ingramcontent.com/pod-product-compliance
Lightning Source LLC
Chambersburg PA
CBHW070840050426
42452CB00011B/2354